인맥보다 강력한 네트워킹의 힘

인맥보다 강력한 네트워킹의 힘

초판 1쇄 발행일 2020년 1월 23일

지은이 재닛 가너
옮긴이 박미연
펴낸이 박희연
대표 박창흠

펴낸곳 트로이목마
출판신고 2015년 6월 29일 제315-2015-000044호
주소 서울시 강서구 양천로 344, B동 449호(마곡동, 대방디엠시티 1차)
전화번호 070-8724-0701
팩스번호 02-6005-9488
이메일 trojanhorsebook@gmail.com
페이스북 https://www.facebook.com/trojanhorsebook
네이버포스트 http://post.naver.com/spacy24
인쇄 · 제작 ㈜미래상상

한국어판 저작권 (c) 트로이목마, 2020.
ISBN 979-11-87440-55-0 (13190)

* 책값은 뒤표지에 있습니다.
* 잘못된 책은 구입하신 곳에서 바꾸어 드립니다.

당신의 네트워크에 꼭 필요한 4명부터 찾아라

인맥보다 강력한 네트 워킹의 힘

It's who you know

재닌 가너 지음 | **박미연** 옮김

트로이목마
TROJAN HORSE

IT'S WHO YOU KNOW

추천의 글

십여 년 전 나는 새내기 사업가이자 동기부여 강사인 한 지인이 홍보 전략을 짜는 데 도움을 준 적이 있다. 나에게 이런 비즈니스 요소들은 단순하고 자연스러우며 자면서도 술술 나오는 쉬운 것들이지만, 그에게는 불가사의하고 미스터리하며 자신의 비즈니스 성장과 개인 브랜드를 위해서는 간절하고 절실한 무지개 저편 너머에 있는 보물단지 같은 존재였다.

마침내 우리는 테이블에 마주 앉은 채 나는 아이스 모카를, 그는 우유가 들어간 커피를 마시고 있었고, 햇살은 등으로 쏟아지고 펜과 종이는 사방에 널려 있었다. 나는 그에게 미디어 풍토를 철학적이고 현실적인 측면에서 설명했고, 우리는 그가 가진 접근법, 맞춤형 제작의 개념정리, 잠재적 방해요소, 그리고 장기 전략이냐 단기 이익 환수냐 등에 대해 의견을 나눴다. 그러던 중 나는 간단하면서도 매우 값진 해결책을 생각해냈다. 바로 내 주변인들을 그에게 소개해주는 것이었다.

몇 달이 지난 후 나는 그에 관한 기사가 주요 일간지에 실린 것을 보았다. 그리고 또 4개월 뒤 이번에는 그가 국립 출판물에 정기적으로 기고하게 되었다는 소식을 접했다. 이후 그는 꽤 비중 있는 국제 웹사이트에 이름을 올리고, 자신이 직접 쓴 책도 출간했다.

해를 거듭하며 나는 그의 비즈니스 성장 궤적을 살펴보았고 해마다 그가 미디어에 거론되거나 회의의 강연자로서 그의 이름이 오르면, 그가 이뤄 놓은 발전을 떠올리며 내 얼굴엔 그에 대한 자랑스러움이 깃든다. 나는 그의 성과에 전율을 느끼며 그의 개인적인 비전이 무엇을 향하건 더 크고 더 빛나길 바란다. 또 그의 성공 못지않게 내 개인적인 성과를 투영해보면, 나 역시 내가 타인의 성공에 일조하고 긍정적인 맞교환을 통한 안성맞춤의 인물들을 상호 연결했다는 사실이 무척이나 기쁘다. 그들의 성공이 곧 나의 성공이다. 나의 역할이 그의 성공에는 작은 부분이지만 더 큰 성공으로 가는 디딤돌이 되었고, 이것은 적은 인원이라도 상호 소개하는 것으로부터 시작된 것이다.

알맞은 사람들과 꼭 맞은 타이밍에 정확한 메시지나 요구로 연결된다는 것은 엄청난 가치를 지닌다. 이는 내가 늘 열정적으로 매달려 온 일이고, 내 비즈니스 매 단계에서 여기에 초점을 맞추었을 뿐만 아니라 자비와 상호주의를 최고의 가치로 여겨왔다. 우리가 연결한 사람들이 아이디어와 성공을 만들어내기도 하고 또는 그르치기도 한다. 하지만 우리는 항상 그들에게 똑같이 한다.

힘든 일을 이겨내는 것이 비즈니스를(혹은 인생을) 앞으로 나아가게 한다. 길을 꺾을 때마다 장애물들이 곳곳에 있거나 아니면 겨우 몇 개의 걸림돌인데 도저히 넘을 수 없게 느껴지기도 한다. 그런데 당신이 하는 가장 큰 실수는, 다른 사람들이 그 문제의 열쇠인데도 혼자서 해결하려고 하는 태도이다.

콜렉티브 허브Collective Hub는, 매우 짧은 기간에 40개국이 넘는 국가에서 간행물로 판매되고 있으며(지금도 꾸준히 확장해 나가는 중이다), 온라인 커뮤니티에는 세계각지에서 모인 사람들이 운집해 있다. 세계적인 움직임으로 발전해 나간 것이 무척 기쁘다. 우리는 수많은 행사를 주최하고 있으며, 글로벌 도서 계약과 교육 과정도 진행 중이다. 이러한 사실에 당신은 우리가 어떻게 이런 일들을 이루었는지 궁금해하는 것은 지극히 당연하다.

단도직입적으로 답하자면, 엄청난 노력과 쉼 없는 목표 추구라고 할 수 있다. 남들이 등 돌리고 우리를 지치게 하는 그 무수한 '아니요'의 바다를 뚫고, 묵묵히 헤쳐나갔다고 말할 수 있기에 나는 나 자신과 직원들이 미치도록 자랑스럽다. 그리고 우리의 성공에는 은둔의 공로자 또한 많다. 지나가는 길에 빛을 비추듯이 몇몇 핵심인물이면서 친절한 이들로 우리가 성과를 내도록 특정 분야에 맞춤 조준사격을 해주었다. 언급된 이들이 본인이라고 알기를 바라며 나는 그들에게 무한히 감사하다. 한 명은 내가 미국 사업 거래를 위한 출판에 이전시를 찾는 것을 도와주었고, 또 다른 이는 세계적인 유통 담당자를 소개해주었는가 하면, 다른 사람은 미국 미디어 분야의 핵심인물과 연락할 수 있도록 힘써주었다. 두 명은 리처드 브랜슨Richard Branson 같은 세계적으로 저명한 리더와 연결해주는 교두보 같은 역할을 했고, 또 누구는 비즈니스 여정에서 재정상 중요한 시기에 꼭 필요한 전문 컨설턴트를 소개해주었다. 사람들 중에는 나의 개인적인 생각과 비슷한 사고방식을 가진 사람들도 있고, 콜렉티브 허브라는 조직 전체와 같은 생각을 하는 사람들도 있는데, 결과적으로 이런 사람들이 모이면 기적 같은 일이 일어난다. 이런 일이 순전히 나 개인적으로나 집단에 의해서 이루어지는 것 같지만, 성공의 씨앗은 이렇게 연결이 이루어질 때 비로소 싹을 틔운다.

연계는 강력하고 필수적이며 높은 수확을 보장한다. 이 책은 당신이 이와 같은 사실을 인지하는 도구가 되어줄 것이고, 당신의 네트워크를 발전시키고 그 잠재력을 극대화하는 데 도움이 될 것이다. 남들의 도움 따위는 필요치 않다는 편협한 생각이나 미리 겁을 먹고 움츠려 일을 그르치는 과오를 범하지 마라. 자신만의 접근법으로 진정성을 가지고 한결같되, 자연발생적이기보다 계획하여 행동하고 반드시 보답하라. 이제는 당신 차례다. 시작하기에 최고의 타이밍은, 당신이 누군가에게 그 시작이 되어주는 것이다.

리사 메신저Lisa Messenger
콜렉티브 허브, 설립자이자 편집장, collectivehub.com

나의 네트워크 평가하기

당신이 네트워킹을 배우기 시작한다면, 소규모이면서도 전략적인 네트워크가 당신의 성공을 위해 매우 중요하다.

이 책에서 나는 여러 자료, 체크리스트, 그리고 작업표 등을 제시해 당신이 자신의 네트워크를 진단해보고 재평가하는 데 도움을 주려 한다. 이런 자료는 웹사이트 janinegarner.com.au/resources를 통해서 다운로드 받을 수 있다.

이 책을 위해 특별히 디자인한 온라인 진단 프로그램을 통해 자신의 네트워크 현황을 재검토해볼 수 있다. (janinegarner.com.au/nexus를 참고하라.) 현재 당신이 어떠한 네트워크에 속해 있고 또 당신의 네트워크에서 핵심인물 12명 중 누가 빠져 있는지를 파악함으로써, 이 진단 프로그램이 당신에게 가장 적합한 네트워크를 형성하는 데 도움을 줄 것이다.

자신의 네트워크를 검토해보는 과정은 단 한 번으로 모든 것이 해결되는 원-오프 방식이 아니다. 인생과 커리어의 중요한 포인트에서 맞이할 새로운 목표와 다른 포부에 답하기 위해서 지속적으로 재평가해야 한다.

그러므로 이 책을 읽는 내내 위의 자료들을 활용하고 자신의 목표와 포부가 바뀜에 따라 계속해서 되돌아가 곱씹어보아야 한다. 이것이야말로 성공적이고 전략적인 네트워크의 진짜 비법이다.

자신에게 진정으로 도움이 되는 네트워크를 수립하고 다른 이들에게 귀중한 지혜를 나누도록 하라. 서로 연결하고, 협력하고, 그리고 성공하라!

들어가는 글

네트워크 – 연계 – 협력 – 성공.

　"반드시 네트워크를 구축해야 한다."거나 그렇게 구축된 네트워킹이 "성공과 성장에 필수요소다."라는 말을 과연 몇 번이나 들어봤는가?

　이런 생각으로 기뻐서 껑충껑충 뛰거나 자리를 박차고 당장 밖으로 나가서 새로운 사람들을 만나고 싶다는 열망에 사로잡혀 있는가? 아니면 페이스북 친구를 몇 명 더 늘리는 것보다 자신이 즐거워하는 일을 하거나 더 생산적인 일을 하면서 시간을 쓰는 편이 훨씬 낫다는 생각에 겁을 먹고 움츠리고 있나?

　"무엇을 아느냐보다 누구를 아느냐가 중요하다."라는 속담에서 보듯, 네트워크는 그 어느 때보다 지금 더 힘을 얻고 있다.

　오늘날 '바쁘다'라는 표현은 소셜미디어에서 개인의 상태나 정보를 알려주는 의미고, 모두가 소위 '친구'다. 그래서 트위터 계정의 팔로워 숫자를 더하는 것을 넘어서는 정말 중요한 관계를 맺는 것이 더 힘들어지고 있다.

일자리는 채용공고를 내기도 전에 이미 채워지고, 종전에는 생각지도 못했던 뜬금없는 협업이 새롭게 생겨나고, 경쟁이 치열한 시장에 혜성같이 등장해서 그 지분을 가로채 가기도 한다. 게다가 포화상태를 넘어선 비즈니스 지형 속에서 참신한 아이디어를 내야 한다는 끊임없는 부담감이 상황에 잘 대처하고 영향력을 행사할 수 있게끔 도움을 주기도 하지만, 실상 우리 대부분이 자신의 컴퓨터 뒤에 숨어버리고 두려움으로 마비가 된 것처럼 느끼는 것이 더이상 그리 놀라운 일도 아니다.

당연히 네트워크는 중요하다. 그러나 나 자신의 네트워크가 관건이다.

그렇다면 자신의 네트워크 안에 있는 이들은 누구이고, 자신이 지금 하고 있거나 이루려고 노력하는 일에 그들이 얼마만큼 지원 가능하고 영향을 주고 있는가? 또 그들은 얼마나 잘, 그리고 진정성 있게 당신을 파악하고 있는가? 그들이 당신을 도와줄 수 있는 것은 어느 정도인가?

물론 비즈니스의 성장을 위해 주요 고객 리스트를 구축해야 하는 중요성에 대해서는 의심의 여지가 없고, 소셜미디어의 폭발적인 발전이 특정 네트워크를 더 쉽게 형성하도록 만들었지만, 그렇다고 해서 이런 요인들로 인해 당신의 네트워크가 더 좋아졌나?

단지 SNS의 '좋아요'나 친구, 학연이나 지연에 얽힌 관계 또는 오래된 명함을 모으는 것보다 네트워킹은 더 많은 것을 내포하고 있다. 진정으로 성공하고 온라인 세상으로부터 빠져나오기 위해서는, 일과 인생 양쪽 모두에서 반드시 본인 네트워크의 지배자가 되어야 한다.

올바른 네트워크란 개인의 인생이나 직업적인 면에서 올바른 사람들과 올바른 관계를 형성한다는 의미다.

네트워크가 전혀 없다면 기회는 없을 것이고 새로운 가능성도 못 본 채 지나치고 생각은 정체돼서 꿈과 포부도 종국에는 이룰 수 없게 된다. 직업을 바꾸고 장소를 이동해야 하거나 갑자기 모든 것을 처음부터 다시 시작해야 할 수도 있다. 바라던 직장에서 승진하고 아이디어를 내며 두각을 나타내야 하는 힘든 시간을 잘 버텨내기란 결코 쉬운 일이 아니다.

지난 수십 년간 나는 지정학적인 위치, 직무와 직종에 걸쳐 다양하고 폭넓은 경험과 배경을 지닌 사람들과 일해왔다. 네트워크의 거장 이머전트Emergent의 CEO 홀리 랜섬Holly Ransom이나 서핑 세계 챔피언을 7번이나 거머쥔 래인 비클리Layne Beachley를 인터뷰했던 기회도 있었다. 또 리처드 브랜슨, 오프라 윈프리Oprah Winfrey나 마이클 블룸버그Michael Bloomberg 같은 유명한 리더나 기업가들도 연구해서 그들이 어떻게 자신의 목표를 이루고 또 그들을 동기부여하는 것은 무엇인지 알아보았다. 그들 주위에는 누가 있고, 그들의 선택이 성공에 얼마만큼 영향을 미치는가 등도 살펴보았다.

같이 일하며 얘기를 나누거나 연구했던 이들 모두는 한결같이 진정한 성공은 작지만 강하고 믿을 수 있는 튼튼한 네트워크 – 자신과 같이 일하고 자신을 위해 일하는 네트워크 – 가 자신을 둘러싸고 있을 때 가능하다고 입을 모았다.

나는 요크셔에서 비교적 무난한 유년 시절을 보내고 버밍엄에 위치한 애스턴대학교를 졸업한 후 처음 10년간은 영국에서 커리어를 쌓으며 보냈다. 첫 번째 직장을 얻기 위해 런던으로 향하던 새로운 나의 인생을 위한 여정에는, 가져온 가방 한 개와 대학 친구들이 보내주는 격려가 전부였다. 나는 일찍이 인생에서나 직장에서 네트워크가 중요하다는 것을 깨우쳤다. 새로 부임한 CEO가 전임 CEO로부터 인계받아 새로운 리더십 팀을 구성하는 조직개편의 영향력을 경험하게 되었다. 마치 변덕 부리듯 전략적인 방향 선정, 기업 가치, 기업 문화 등이 수시로 변했다. 누구도 어떤 것도 안전하다고 느끼지 못했다.

스물아홉 살이 되던 해에 나는 새로운 인생을 향한 부푼 꿈을 안고 호주로 향했지만 믿음직한 동료, 의뢰인, 친구 등 또다시 새로운 네트워크를 시작해야 했다. 경영 고위직으로 옮겨가게 되자 상급자가 영향력을 어떻게 행사해야 더 큰 효과를 얻을 수 있는지, 또 높아진 지위와 더 커진 규모의 예산이 어떻게 기회를 만들고 실제로 결과물을 이루어내는지 몸소 목격했다. 하지만 내가 진정성 있고 믿을 만한 네트워크 없이 비즈니스의 관점으로 사람들과 연결될수록, 나는 점점 더 고립되고 있다고 느껴졌다.

2011년에 나는 서로 연계하고 협조하며 협력해서 상업적인 이윤을 낼 수 있다고 믿는, 뜻을 같이하는 성과 지향적인 비즈니스우먼, 여성 기업 리더와 여성 사업가들이 주축이 된 LBD그룹을 론칭했다. 해를 거듭하며 이 네트워크는 우리가 단지 비즈니스를 도모하는 것보다 훨씬 더 많은 것을 대표하게 되었다. 개인적으로나 비즈니스적으로 혼자서 했다면 불가능했을 일들이 다양한 직종과 여러 산업에 관련된 이런 집단성으로 인해 사람들의 생각에 영향을 미치고 목표나 계획에 박차를 가해서 더 많은 새로운 기회를 가져다주는 계기가 되었다.

LBD그룹의 규모가 커짐에 따라 넓은 네트워크 안에 개인만을 위한, 전략적으로 적절한 네트워크 구축이 점차 활성화되어갔다. 나 역시 촉진자, 선생님, 조력자 그리고 동기부여자 등에 대한 네트워크를 형성해 나갔다. 이들은 나 자신보다 더 잘 나를 꿰뚫어 보고 발전시키며, 내가 좀 더 앞으로 나아갈 수 있도록 후원하고 용기를 주는 사람들이다. 나는 진정한 연결감과 아낌없는 지원 그리고 격려의 힘을 경험했다. 우리는 함께 배움과 깨달음을 나누고 서로에게 마음을 열고 다독이며 더 많은 것을 이루려고 노력한다. 왜냐하면 '내가 할 수 있다는 것을 알고 있다'는 믿음 때문이다. 내 개인적인 네트워크는 작지만 단단하고 편리한 접근성을 가지고 있고 조력자의 스마트함까지 겸비하고 있어, 이 네트워크가 내 목표를 이룰 수 있도록 도와주고 있다.

이 책은 나의 경험과 통찰에서 우러나온 결정체다. 여태까지 우리가 배우고 믿어왔던 네트워킹에 대한 현실에 도전하는 것일 수도 있다. 책을 통해 실제 인터뷰와 사례 연구 등을 들여다보고, 처음에는 네트워킹을 힘겨워했지만 소규모의 전략적인 네트워크 구축을 터득하고 난 후 도움이 된 실제 인물들의(사생활 보호를 위해 가명을 쓰기도 했다) 사례들을 살펴볼 것이다.

핵심은 이렇다 : 양이 아니라 질이다. 더 많은 연락이나 더 많은 '친구', 온라인 교류에 시간을 더 많이 쓸 필요가 없다. 만약 온라인 교류가 우리가 바라는 전부라면 우리 각자는 순전히 온라인 교류 횟수가 전대미문의 성공이라고 여겨야 할 것이다.

리더십 전문가 존 C. 맥스웰John C. Maxwell은 이렇게 얘기했다.

"가장 가까이 있는 것이 성공의 정도를 가늠한다. 그러므로 자신의 비전을 이루기 위해 올바른 파트너를 고르는 것이 중요한 결정이 된다. 요컨대 나의 조언은 자신에게 도전이 되는 재능 있는 사람들을 곁에 두라는 것이다. 그들이 당신을 성장시키고 당신의 잠재력을 최고치로 끌어올릴 수 있도록 영감을 줄 것이다."

이제 행동의 새로운 계획을 세울 시간이다. 자신이 통제할 수 있고 자신에게 맞는 사람들을 가려내며 상호 간의 성공을 위한 자신의 네트워크를 키워줄 올바른 행동을 만들어내는 것이다.

누구에게나 네트워크는 필요하다. 당신이 이제 막 학교를 졸업하고 첫 직장을 구하는 취업준비생이건 승진을 위해 인사고과 점수를 따야 하는 매니저이건 당신의 첫 마라톤 달리기를 계획하고 있는 부모님이건, 아니면 독지가, 리더, 컨설턴트, 기업가, 연설가, 프리랜서 또는 작가 등등 직업이나 직책이 무엇이건 상관없을 뿐만 아니라 조직에서 일하든 자영업에 종사하든 상관없다.

그래서 이 책은 당신을 위한 책이다. 이 책은 사회가 바라는 기대치는 던져버리고 당신이 스스로 '해야 할 일'을 알게 도와줌으로써 좀 더 똑똑하고 전략적으로 사고할 수 있도록 이끌어줄 것이다.

이제 현재 나의 네트워크를 재고해보고 아래의 사항들을 결정해야 한다.

- 현재 진행 중인 일에 어떤 점이 잘되고 있으며 잘되고 있지 않은 점은 무엇인가?
- 현재 자신의 네트워크에 누가 있으며, 반드시 필요한 사람은 누구인가?
- 누가 가치 창출에 기여하고 당신의 에너지를 소진하는 이는 누구인가?
- 핵심 네트워크 – 연계 – 를 구성하는 12명의 핵심인물과 성향을 어떻게 보강할 것인가?

당신이 필요로 하는 아래와 같은 기술과 수단을 습득하게 될 것이다.

- 자신의 네트워크를 주도한다.
- 시끄럽고 단절된 온라인 세상에서 진실되고 영향력 있는 네트워킹의 기술을 터득한다.
- 보다 빠른 시간 내에 성공할 수 있도록 12명의 핵심인물과 상호

변화 가능한 네트워크를 구축한다.

- 자신의 기술을 자신에게 유리하도록 이용하고 강화한다.
- 형성된 관계들이 계속 진행되도록 유지 발전시킨다.

책을 읽어감에 따라 자신의 상황을 체크리스트, 작업 계획표 그리고 이 책에 사용된 다른 자료나 온라인 웹사이트(janinegarner.com.au/resources)를 통해 작업하는 기회가 있을 것이다. 또 당신의 네트워크를 온라인 진단표(janinegarner.com.au/nexus)에서도 확인할 수 있다.

나는 당신이 자신의 네트워크를 재고하는 매 순간에 이러한 다양한 자료들을 이용해서 성공을 이루기를 바란다. 단지 지금 이 순간만을 위한 것이 아니라 미래에 자신의 환경이 변화될 수 있도록 말이다.

내가 이 책 《인맥보다 강력한 네트워킹의 힘It's who you know》을 쓰게 된 이유는, 우리 모두가 '나 자신의 네트워크'를 만듦으로써 인간관계의 주도권을 잡아야 한다고 믿기 때문이다. 진짜 영향력과 진짜 효과로 중요한 관계에 핵심 역할을 하고, 우리의 사고를 변화시킬 수 있으며, 행동에 이의를 제기해서 자신의 포지션을 구축하는 데 함께 협력하며, 수익을 증대하고 더 나아가 목표를 이룰 수 있도록 돕는 자신만의 네트워크 말이다.

책을 읽으면서 선택사항과 마주할 것이다. 자기를 둘러싸고 있는 사람들과 자신의 미래를 지배할 것인지 아니면 그것과는 동떨어진 채 자신의 네트워크를 주위에서 일어나는 일들에 맡긴 채 내버려둘 것인지 말이다.

미국 대통령이었던 프랭클린 델라노 루즈벨트Franklin Delano Roosevelt는 이렇게 얘기했다. "내가 이 세상에서 가장 똑똑하진 않지만, 가장 똑똑한 동료를 고를 자신은 있다."

당신이 '당신 네트워크'의 주도권을 잡아라. 그러면 게임을 본인의 방식으로 바꿀 수 있다. 불가능이 가능으로 바뀌고 목표도 이룰 수 있다. 아이디어와 꿈을 가지면 사람들과 연결되는 것이 쉬워지고, 그런 아이디어와 꿈은 곧바로 행동으로 옮겨진다.

자, 이제 어떻게 할 것인가? 작지만 스마트하고 초강력한 자신만의 네트워크를 만들 준비가 되었는가?

차례

PART II · WHO

PART III · HOW

PART I

WHY

네트워킹은 서로가 연결되는 것이지만 우리가 지금 행하고 있는 방식은 모두 잘못되었다! 오늘날 대부분의 연결은 피상적이고 거래적인 성향을 띠고 있고, 이런 측면은 우리의 개인적인 삶이나 직업적인 면에 전혀 도움이 되지 않는다.

대다수가 네트워킹을 싫어하지만, 인생에 필요한 무엇인가를 얻기 위해서는 매우 중요한 기술이라는 것을 인지하고는 있다. 이런 생각에 동의하지 않았다면 당신은 애초에 이 책을 고르지도 않았을 것이다. 어떤 일을 하고 있든, 어디서 일하고 있든, 또 어떤 분야에서 일하고 있든지 상관없이 당신의 네트워크가 직업과 인생에 매우 중요한 도구임에는 틀림없다.

그렇다면 네트워크를 만들기 위한 올바른 방법은 무엇인가? 그보다 더 중요한 것은 네트워크를 구축하기 위한 잘못된 방법은 무엇이고, 그것을 피하기 위해서는 어떻게 해야 할까?

가장 중요한 핵심은, 자신을 위한 소규모이지만 스마트한 네트워크를 전략적으로 구축하기 위해 시간과 에너지를 들이고, 전심전력을 다하는 것이다. 같이 일하거나 주변에서 아니면 전방위적으로 당신의 앞이나 뒤에서 일하는 무리의 사람들과 연계하는 것은, 당신이 올바른 정보를 얻고 적절한 시간에 바른 결정을 내리도록 도와줄 것이다. 이러한 연계가 당신의 앞날을 창창하게 밝혀주리라는 것은 의심의 여지가 없다. 나는 매우 확신에 차 있기에 당신이 나를 만나보도록 기꺼이 초대할 수 있으며 예상과 다르다면 나를 소환해도 좋다!

PART I에서는 네트워킹의 필수사항 몇 가지를 소개한다.

네트워킹을 이해하는 데는 세 가지 핵심 단계가 있고 자신의 네트워크에 대해 어떻게 생각하고 접근하고 있는지 재평가해본다.

1. 전환하기. 현재 내 네트워킹 상황은 어떤가? 왜 우리는 네트워킹을 그만두려 하는가? 1장에서는 네트워킹에 관한 우리의 사고를 전환하는 것이 왜 중요한가를 설명할 것이다.

2. 다시 생각해보기. 네트워크를 만들기 위한 올바른 방법은 무엇인가? 또 잘못된 방법은 무엇인가? 이 두 가지 차이점을 2장에서 살펴볼 것이다.

3. 변화하기. 효율적인 네트워크를 어떻게 구축할 것인가? 왜 사람들에게 힘이 있는가? 3장은 이에 대한 대답을 들려줄 것이다.

그럼 시작해보자.

Chapter 1
마음가짐을 바꿔라

2012년에 개봉된 영화 '디스커넥트Disconnect'에는 자신들의 연결고리를 찾고 기술에 의존하려는 각기 다른 세 부류의 인물들이 등장한다. 아이를 잃고 자신의 아이디를 도난당한 젊은 부부는 온라인상에 노출된다. 두 명의 청소년은, 일하는 데 매달려 정작 가족과는 얘기할 시간도 없이 바쁜 변호사 아버지를 둔 늘 혼자 있고 인기도 없는 동급생을 페이스북을 이용해 사이버상에서 괴롭히려고 한다. 야심 가득한 텔레비전 리포터는 성인 웹캠 사이트에 접속해 있는 18세 소년에게 접근해 기사를 내서 성공하려고 하지만 나중에 그와 사랑에 빠지게 된다.

이렇게 상관도 없어 보이던 각기 다른 이야기들이 영화가 진행되면서 서로 얽히고 연결되게 된다. 결말은(스포일러 주의!) 그들 모두 인생에서 가장 중요한 것은, 소원해지고 단절되었던 가까운 이들과 사랑을 함께 나누는 것이라는 걸 깨닫게 된다는 내용이다.

연결되는 것. 네트워킹. 간단한 말인 것 같다. 너무 간결하게 들린다. 이런 말들은 새로운 개념이 아니다. 오히려 비즈니스를 시작할 때면 이런 용어들이 훌륭한 비즈니스의 초석 같은 의미로 사용된다.

영화 '디스커넥트'가 보여주듯이 인터넷은 콘텐츠, 연결 그리고 네트워킹 가능성의 신세계를 열었다. 디지털과 소셜미디어는 온라인과 오프라인상에서 우리가 비즈니스를 작동하고 소통하는 방식을 근본적으로 바꾸어 놓았다.

하지만 지금은 여태껏 우리를 연결해주고 밀접하게 해주었다고 간주되었던 기술이 역효과를 내는 듯하다.

지금 현재 우리가 네트워킹하는 방식은 그리 효과적이지 못하다.

처음 내가 네트워킹을 시작하려던 1980년대에, 나는 스물두 살의 대학을 갓 졸업한 신참내기로, 가장 힘들었던 점은 도움과 지원을 어디에서 얻을 수 있는지를 아는 것이었다. 내 커리어의 초반기에 네트워킹을 구축하는 일이라고는 고작 직장 동료들과 근처 바에 가서 친분을 쌓는 것이 전부였다. 운이 좋아 회사나 기업체 모임에라도 초대받으면, 어깨에 힘이 잔뜩 들어가고 지갑에는 온통 비즈니스 명함들로 무장하고 30초짜리 엘리베이터 사담을 나누는 기회도 얻었다.

목표는 운 좋게 초대된 모임에서 되도록 많은 이들과 명함을 교환하고 얘기를 나누는 것이다. 이는 비교적 쉬운 접근방식으로 다소 긴장되긴 하지만 약간의 와인이 들어가면 도움이 될 것이다. 그런 다음엔 전화를 주고받거나 아니면 '만나서 반가웠습니다' 같은 손 글씨 메모의 우편을 받아서 이미 모아 놓은 명함들로 불룩해져 있는 롤로덱스 명함집에 끼워 놓거나 파일로팩스Filofax에 저장해둔다.

반면 오늘날에는 다양한 네트워킹 그룹, 산업별 이벤트 또는 링크드인, 페이스북, 트위터, 또는 다른 여러 소셜미디어 채널을 통한 친구나 지인들의 만남이 넘쳐나고 있다. 게다가 스피드 네트워킹(스피드 데이팅 같은 방식으로 구성된)도 있어서 그다음 사람으로 옮겨가기 전 아주 짧은 시간 안에 소위 '연결'을 시도한다.

하지만 이런 것들이 우리를 진짜 연결해주는 걸까?

● # 연결하기 아니면 #연결 끊기?

미국의 심리학자 에드워드 할로웰Edward Hallowell의 글을 보자.

> "인류 역사상 그 어느 시기도 우리의 뇌가 지금처럼 너무나 많은 정보를 가지고 일해야 했던 적은 없었다. 우리는 온갖 정보를 받아들여 처리하느라 너무 바쁜 나머지, 생각하고 느끼는 능력을 상실해가는 시대를 살고 있다."

소셜미디어의 폭발적인 사용으로 직접 얼굴을 보는 교류는 현저히 줄어들게 되고 그 대신에 예전에는 상상하지도 못했던 기회들, 이를테면 친구, 동료, 기존 고객이나 미래의 고객들 그리고 세상 저편에 완전히 낯선 사람들과 소통하는 방식을 열어 놓았다. 이 모두가 오직 버튼 하나로 가능하다. 스마트폰, 인터넷, 이메일, 소셜미디어 등으로 우리는 그 어느 때보다 더 많이 연결되어 있다.

스테트시타닷컴^{statsita.com}에 의하면, "소셜 네트워킹의 파급력은, 2020년이 되면 전 세계 소셜미디어 사용자가 지구 전체인구의 3분의 1인 대략 29.5억 명 정도에 이를 것으로 예측하고 있다."고 한다. 새로운 소셜 네트워킹 사이트가 매분 새로 만들어지고 있고, 링크드인은 매초마다 두 명의 새로운 멤버가 가입하는 비율로 성장하고 있다.

'연결하기'가 증가하는 만큼 그에 상응하는 '연결 끊기'도 같이 증가하고 있다.

《외로워지는 사람들^{Alone Together}》의 저자인 사회 심리학자 셰리 터클 ^{Sherry Turkle}은 책에서, 우리의 무분별한 디지털 세상으로 향한 연결이 오히려 고립을 부추긴다고 주장한다. 그녀는 "전반적으로 우리는 지금 더 외롭고 서로로부터 동떨어져 있다. 이는 우리가 온라인을 통해 접촉하는 방식을 변화시킬 뿐만 아니라 우리의 인간관계 역시 망치는 것이기도 하다."라고 역설하고 있다.

2013년 한나 크라스노바^{Hanna Krasnova}와 두 개의 독일 대학 조사자 그룹은 페이스북 활동 '부러움'의 영향력을 조사하는 연구를 발표했다.[1] 연구는 실험에 참여한 3명 중 1명은 페이스북을 방문한 후 기분이 더 나빠졌다고 결론 내렸다. '러커스^{Lurkers}' 일명 모든 이들의 콘텐츠를 다 훑어보는 데 시간을 쏟는 사람으로, 자신의 콘텐츠는 싣지 않으면서 남들과 비교하며 본인의 처지에 매우 불만족을 느끼는 이들을 가리킨다. 이러한 행동들은 결국 고독감, 당혹감, 분노 등을 불러일으

---

1 한나 크라스노바 외, 2013년, '페이스북에서의 부러움: 이용자들의 인생 만족도에 숨겨진 위협은 무엇인가?(Envy on Facebook: A Hidden Threat to Users' Life Satisfaction?)', AISeL.

킨다.

이런 감정들은 흔히 '소외되었다는 불안감', 즉 고립공포감으로 간주되는데, 옥스퍼드 사전에서는 '신나고 흥미진진한 일들이 지금 어느 곳에선가 일어나고 있거나 종종 소셜미디어에 게시되어 있을 거라고 생각하는 불안감'이라고 정의 내리고 있다.

소셜미디어는 일방적인 의사소통만을 부추길 뿐이다. 현재 상태 업데이트, 감사의 말, 개인 정보를 과다하게 올리고 나누기, 그리고 #아이들사진 #탐스러운음식 #최고의날 #감사한 #영감을주는 등의 해시태그는 우리를 '멋지게' 보이도록 해주지만 기분을 '안 좋게' 만드는, 또 인생에 그리 실질적인 가치도 없는 일들이다.

현실에서의 우리의 대화는 짧고 빠르고 얕은 경향을 보인다. 카페, 레스토랑, 버스, 기차, 심지어 길거리를 빛의 속도로 탐색하는 것이 내 주변에 있는 사람들보다는 - 아이패드에서 '페파 피그peppa pig'를 보고 있는 내 아이를 포함해서 - 자신의 주변에 무슨 일이 일어나고 있는지에 더욱 관심을 가진다는 것을 말해주고 있다.

물론 우리는 연결되어 있다. 하지만 진짜 세상에서 서로를 마주하기보다는 디지털 세상으로 점점 더 연결되어가고 있다. 반면에 네트워킹은 정보와 가치를 서로 교환하는 양방향 소통을 지향한다.

그래서 이런 저급한 일방적인 온라인 의사소통 방식이 스트레스였다면, 이것이 네트워킹에 직접 참여하고 바라보는 방식에 어떠한 영향을 미치지 않았을까?

● 네트워킹이라는 '일'

대부분의 사람들은 네트워킹을 피하려고 한다. 왜냐하면 네트워킹은
보이는 그대로 힘든 '일'이기 때문이다. 우리는 그 '일'을 네트워킹에
그대로 대입시켜 무척이나 어렵고 힘겹게 만들었다. 문제는 우리가
참여하는 대다수 이벤트가 대개는 우리에게 그다지 연관성이나 가치
를 가져다주지 못한다는 데 있다. 네트워크를 구축할 때 친한 사람들
과 형성된 좁은 테두리를 벗어나지 못하거나 성향이 비슷한 사람들
로 이루어지는 것이 일반적이다. 시작은 별 탈 없지만, 시간이 지날
수록 한계성이 드러나게 된다. 의견이나 경험의 상이함을 최소화함
으로써 게으름을 키우고 성장을 억누르며 잠재성은 제한된다.

해를 거듭하며 여러 사람과 일하고 얘기를 나눠오면서 나는 네트
워킹을 접할 때 네 가지 고통 포인트가 있다는 것을 연구를 통해 알아
냈다. 그것은 아래와 같다.

1. 당혹스럽고
2. 과하게 복잡하고
3. 과하게 사용하여 소진하고
4. 끝낸다!

각각의 요소들을 살펴보자.

1. 당혹스럽다

어디서부터 시작할까? 온라인과 오프라인이 제공하는 선택사항들에 많은 이들이 당혹감을 느끼기도 한다. 네트워크를 구축하기 위해 어디서부터 시작해야 할지 아무런 아이디어가 없기 때문이다. 얼굴을 맞대는 대면은 우리에게 지속적으로 흥미를 보이고 몰두해야 한다는 부담감을 준다. 컴퓨터가 이런 중압감을 덜어내는 데 일조하기도 해서, 사람들이 자신의 스마트폰이나 '좋아요' 버튼 뒤로 숨어버리려고 하는 것도 놀라운 일은 아니다. 그러나 우리 자신에 관해서 이야기하거나 도움을 구할 때는 어떻게 해야 할까? 왜 다른 사람을 신경 쓰는 걸까?

2. 과하게 복잡하다

어떤 기술과 사용법을 적용해야 할까? 어느 소셜미디어 네트워크에 가입해야 할까? 전부 다 아니면 한 개 또는 몇 개에 참여해야 할까? 그것을 어떻게 관리할 수 있을까? 정해진 시간 안에 계속 늘어나는 네트워크를 어떻게 유지할 수 있을까? 어떤 직접 만남 이벤트에 참여하는 것이 좋을까? 얼마나 자주 '네트워크'를 해야 하나?

이런 질문들은 루빅스 큐브Rubik's Cube(퍼즐의 일종으로, 보통 작은 여러 개의 정육면체가 모여 만들어진 하나의 큰 정육면체 형태이며, 각 방향으로 돌아가게끔 만들어져서 흩어진 각 면의 색깔을 같은 색깔로 맞추는 것이다. _옮긴이 주) 같은 네트워킹의 사이트, 이벤트, 그룹 등을 정할 때 직면하게 되는 몇 가지 질문들이다.

그에 덧붙여 여러 가지 일을 동시에 처리하고 순간 대처 능력을 요구하며 끊임없이 흥밋거리를 바꾸고 어떤 행동을 취할지 기억해가며 한 무리의 사람들에게서 다른 무리의 사람들에게로 옮겨다녀야 하는 부담감이 더한다면……, 얼마나 혼란스러울까?

3. 과하게 사용되어 소진되는

해야 할 일들의 우선순위를 정하느라 애를 먹기도 하는데, 이를테면 누구에게 전화를 걸고 차를 마셔야 할지 또는 어떤 네트워크 행사에 참석해야 할지 등을 혼자서 결정하는 것은 그리 쉬운 일은 아니다. 이어지는 대화는 종종 급하게 흘러가거나 잡다한 수다로 넘어가기 일쑤고, 때로는 날씨 얘기를 해야 한다는 강박에 사로잡히기도 한다. (이건 어쩌면 내가 영국인이라 그럴지도 모르겠다.) 말과 메시지들은 '빵 터지다 LOL(Laugh at loud)', '참고로 FYI(For your information)', '세상에나 OMG(Oh my God)' 등 줄임말로 소통되고 있고, 때때로 좀처럼 이해하기 힘든 말들도 있는데, 예를 들면 IRL(In real life, 현실에서는), TBH(To be honest, 솔직히 말하면) 아니면 DFTBA(Don't forget to be awesome, 매력 발산 잊지 마!) 등도 떠오르고 있다.

시간과 에너지에 대한 요구사항이 점차로 늘어나고 자신의 생산력을 최대치로 끌어올리는 동안에도 반드시 '지금 이 순간'을 강요당하면서 매일 매일 우리는 수백 가지 일들로 이리저리 치이고 시달리고 있다. 우리 대부분은 몸의 에너지가 다 빠져나가고 지쳤으며, 시간에게 팽팽하게 잡아 당겨진 기분이 든다. 이는 네트워킹을 혼란에 빠뜨리게 할 뿐이어서 많은 이들은 "내가 해야 할 일이라는 건 알고 있지만, 나중에 할 거야."라고들 말한다.

4. 끝낸다!

우리는 네트워크에 직면할 때마다 그냥 끝내버리고 만다. 물론 우리가 네트워크를 만들어야 한다는 사실을 인지하고는 있다. 왜냐하면 주위의 모든 사람이 그래야 한다고 말하고 있기 때문이다. 하지만 그런 사실을 뒷받침할 만한 진짜 증거는 도대체 어디에 있는 걸까? '왜 내가 네트워크를 해야 하지?' '이게 정말 필요한 걸까?' 그래서 오늘날 우리 중 다수는 차라리 다른 것을 시도해보려고 한다.

● 그럼 왜 신경 쓰는가?

그래서 네트워크를 하면서 당혹스럽고 혼란스러워하며 힘이 다 소진되고 끝내려고 하는데 도대체 왜 우리는 여전히 네트워크를 신경 쓰고 있는가?

이유는 단순하다.

우리는 혼자서는 아무것도 얻을 수 없기 때문이다.

페이스북 COO인 셰릴 샌드버그Sheryl Sandberg는 미국 재무성과 세계은행에서 재직했던 래리 서머스Larry Summers를 그녀의 첫 번째이자 가장 중요한 멘토로 언급했다. 패션 디자이너인 이브 생 로랑Yve St Lauren 역시 크리스챤 디오르Christian Dior를 향해 "나에게 내 예술의 기본을 가르쳐주었고…… 그의 옆에서 함께했던 순간들을 결코 잊을 수 없을 것"이라며 칭송했고, 페이스북 창시자 마크 주커버그Mark Zuckerberg 또한 애플의 창립자인 스티브 잡스Steve Jobs와의 정기적인 미팅을 통해 비즈니스와 경영 관리에 대해 배웠다. 자선사업가이자 기업가로 알려진 마이클 블룸버그는 자신이 처음으로 근무했던 투자은행의 경영 파트너였던 윌리엄 살로먼William R. Saloman으로부터 팀워크와 기업윤리를 터득했다고 회고했다.

강하고, 연결되어 있고, 서로에게 이득이 되는 네트워크는 성공으로 가는 디딤돌 역할을 한다. 타인으로부터 받는 도움이나 자신이 알고 있는 것과 알고 있는 이들을 자신과 함께 협력하고 있는 사람들과 공유함으로써 인생이 앞으로 나아가도록 해준다.

타인으로부터 받는 활발하고 상호적인 지원은 아래와 같은 도움을 준다.

- 자신감을 북돋운다.
- 확실한 목표를 달성하게 해준다.
- 기회를 향한 문을 열어준다.
- 비즈니스를 선도하도록 해준다.
- 의사결정에 도움이 된다.
- 성공으로 가는 길을 닦는다.

수많은 기사와 책에서 네트워킹의 중요성에 관해 서술했다. 오빌 피어슨Orville Pearson의 책《Highly Effective Networking(매우 효과적인 네트워킹)》에서 그는 "경제 상황이 좋을 때 네트워킹은 중요하다. 하지만 경기가 나쁘거나 취업 시장 상황이 어려울 때 네트워킹은 필수적이다."라고 언급했다.

요즘은 다른 사람들과 협업하고 자신이 가진 능력과 경험을 발휘하며 새로운 연계점과 식견을 더하는 것이 필수불가결하며, 자신에게 필요한 지원이 본인의 미래로 향하도록 의사소통해야 한다.《혼자 밥 먹지 마라Never Eat Alone》의 저자 키이스 페라지Keith Ferrazzi의 말처럼 "시간을 들이고 연마해서 자유롭게 공유함으로써 모든 사람이 나눌 수 있을 만큼 파이가 점점 커진다."는 것이 네트워킹의 묘미다.

● 하나는 외로운 숫자다

보편적으로 기업가는 혼자 업무를 떠안는 것처럼 간주된다. 역경과 난관을 딛고 본인이 원하는 바나 성향을 배제한 채 자신의 아이디어를 시장에 맞춰 내놓는다. 사실이 그렇다. 기업가들은 자신 주위에 핵심 네트워크를 포진해 생산성 있는 아이디어로 목표를 달성할 수 있는 가능성을 극대화하는 것이 매우 중요하다는 사실을 이해하고 있다.

미용 업계의 거물 바디샵The Body shop의 창업자 데임 아니타 로딕Dame Anita Roddick는 이렇게 말했다. "우리 같은 기업가들은 외톨이고 방랑자며 문제아입니다. 성공이란 나의 어리석음을 받아들일 수 있는 사고가 유연하고 총명한 인재를 발견해서 곁에 두고 그 어리석음을 쓸모 있게 만드는 것입니다."

심지어 고독한 기업가로 알려진 스티브 잡스 역시 그의 자서전 저자였던 월터 아이작슨Walter Isaacson에게 말했다. "창의성은 격의 없는 회의, 뜬금없는 토론에서 나온다. 누구에게 달려가 그들이 무엇을 하고 있는지 묻고는 당신이 '오 멋진데!' 하며 탄성을 지르는 그 순간 번뜩 떠오른 아이디어들로 작업을 시작하면 된다."

단단한 네트워크의 핵심 플레이어는 마치 보이지 않는 보호막 같은 역할을 한다. 즉, 인생에서 성공을 이룬 이들은 가장 똑똑한 사람이 아니라 올바른 네트워크와 접촉하는 사람들이다.

40년 동안 교직에 몸담아온 리타 피어슨Rita Pierson은 '모든 아이에겐 챔피언이 필요하다'라는 주제의 테드TED 강연에서 그녀가 학업 성적이 부진한 반을 맡았던 경험을 얘기했다. 그녀는 학생들에게 거짓말로 이렇게 말했다. "여러분은 제 반에 뽑혔습니다. 왜냐하면 제가 최고의 선생님이고 여러분이 최고의 학생이기 때문이죠. 우리가 이렇게 같은 반이 되었으니 모두에게 우리가 어떻게 하는지 보여줍시다." 20문항 시험에서 한 학생이 18문제를 틀렸고, 그녀는 +2라는 점수와 함께 웃는얼굴 도장도 찍어주었다. 그 학생이 그녀에게 자신이 시험에 떨어졌냐고 묻자 그녀는 이렇게 답했다. "그래 시험에 통과하지는 못했구나. 하지만 실망하지 말거라. 정답 2개는 맞췄잖니."

이런 격려와 응원이 인생에서 자신이 가고 싶은 곳으로 갈 수 있도록 이끌어주는 원동력이 된다. 하지만 혼자서는 불가능한 일이다.

● 자신의 네트워크를 재건하라

소셜 미디어 쏘우트Social Media Thought 대표 마리 스미스Mari Smith는 "전략

적이고 전문적인 네트워킹이 오늘날 자신의 비즈니스를 성장시켜줄 가장 강력한 방법 중 하나다."라고 말했다.

여기에서 핵심어는 '전략적'이라는 말이다.

로브 크로스Rob Cross와 로버트 토머스Robert J. Thomas가 공동으로 쓴 'Managing Yourself, A Smarter Way to Network(당신을 관리하는 것이 네크워크를 만드는 더 똑똑한 방법이다)'(〈하버드비즈니스리뷰HBR〉, 2011년 7월)의 한 구절을 보자.

> "기업 내에서 성과 측면에서나 자신의 웰빙 측면에서도 꾸준히 상위 20퍼센트를 차지하는 임원들은 다양하면서도 선택적인 네트워크를 보유하고 있다. …… 이런 네트워크는 각기 다른 분야의 사람들과 양질의 관계를 이루고 기업 서열이 높은 계층부터 낮은 계층까지 두루 이루어져 있다."

자신 주변으로 전략적인 연계를 반드시 구축해야 하는데, 수준 높은 사고와 새로운 비전을 제시해줄 수 있는 무리의 사람들을 엄선해 조합해야 한다.

예술과 과학을 위한 네트워크를 구축하라. 의사소통, 접촉, 진정성 등 인간에게 필요한 기본적인 기술들이 예술 안에 녹아들어 있고, 소위 '이 순간' 존재감을 드러내는 능력을 발휘하게 하고 사람들과 대화로 교류하도록 해준다.

반면 과학은 분석과 검사가 요구되고 최상의 방법으로 자신의 네트워크를 운용하고 있는지에 대한 지속적인 의구심을 전략적으로 구축할 수 있도록 한다. 마치 사람과 아이디어를 연결해서 기회를 만들어내는 끈을 보는 것 같다.

이는 불필요한 것들을 다 제거하고, 다른 사람과 네트워크하는 방식을 재정비하며, 개인적 차원에서 진정성, 의미 그리고 가치를 지닌 타인과 연결한다는 것을 뜻한다. 이제 올바른 사람들과 올바른 방법으로 연계하고 양질의 인간관계를 구축할 시간이 되었다.

얼마나 많은 사람을 알고 있는가보다는, 알아야 하는 적합한 인물이 누구인지 알아야 한다.

당신에게 길을 안내해주고 멘토가 되어주며 힘을 북돋을 수 있는 사람들, 당신이 되고자 하는 인물이 될 수 있도록 도움을 줄 수 있는 사람들, 이런 올바른 사람들이 자신의 주변을 둘러싸도록 하라. 결국 자신의 네트워크를 현명하게 선택할 사람은 다름 아닌 바로 자기 자신이다.

● 다시 주도권을 잡아라

좀 더 의미 있는 네트워크를 구축한다는 것은 본인이 자신 네트워크의 소유권과 지배권을 되찾고, 전략적인 심사숙고를 거쳐 자신의 행동과 연계에 접근하는 것이다.

이루고 싶은 꿈에 닿도록 도움을 주거나 아니면 당신 옆에서 무장 경호해주는 행동파나 생각파와 궤를 같이할 때, 올바른 행동을 취하게 되고 자신의 목표를 향한 올바른 방향으로 이동하도록 자극받게 된다. 이런 슈퍼파워를 가진 무리의 사람들이 당신의 성공을 이끌어 주고, 긍정적인 매력을 더 향상시키며 꾸준한 성장이 가능하도록 해준다.

늘 '컵에 물이 반밖에 없다'라고 생각하는 사람들 사이에서 시간을 보내는 것은 기운 빠지고 우울해질 뿐이다. 그러니 큰 꿈을 꾸는 사람들과 그리고 컵에 물이 반만 있다고 생각하는 게 아니라 흘러넘치는 걸 보는 사람들과 함께 지낸다면 당신 역시 불가능은 없다고 믿게 될 것이다.

그러기 위해서는 먼저 나의 네트워크에 대한 주인의식을 가지고 계속해서 점검하고 발전할 수 있도록 해야 한다.

가능한 한 많은 사람과 연락하라는 의미가 아니다. 다음 장에서 다룰 올바른 사람과 올바른 인간관계가 무엇인지 깨닫는 것이다.

빨리 성공하고 싶다면 자신의 인생에 책임을 져야 하고 자신의 선택을 믿으며 자신과 비슷한 마음가짐을 가진 사람들과 함께 어울리도록 해야 한다. 그러면 당신은 자신의 미래를 만들어갈 수 있는 좀 더 능동적이고 긍정적인 사람이 될 것이다.

● **"네트워킹은 여전히 최고의 능력이다."**

다방면으로 네트워크는 내가 커리어를 구축하는 데 엄청난 도움을 주었다.
첫째, 나에게 주어졌던 모든 커리어 기회들은 나의 네트워크를 통해 이뤄졌고, 둘째, 핵심 네트워크로 인해 의미심장한 경험과 영향력을 가진 사람들을 만나는 일이 가능했다. 그들은 그곳에서 일해봤고 자신의 아이디어나 생각하는 바를 기꺼이 나에게 들려주었으며 자신들의 경험과 지식에 대해 내가 물어보는 것에 개의치 않았다.
초반에는 제대로 하지 못했다. 돌아보면 내 네트워크는 오로지 같이 일하는 사람들만으로 이루어진 매우 일차원적인 것이었다는 데 그 문제점이 있었다.
현재 나는 시드니 금융업계에서는 잘 알려진 금융 전문가 중에 한 사람이 되었다. 수많은 행사에 연설자로 초청받고 있고, 이런 연계가 확실히 내 사고를 더 확장시켜주었고 지금 하는 일을 더 잘할 수 있도록 해주었다.
나는 지금 금융 스펙트럼 안에서 넓고 다양한 분야의 개인이 다른 일을 하는 것에 대해 들여다보고 있다. 이는 내가 더 넓은 단계에서 업계 전반에 무슨 일들이 일어나고 있는가를 이해할 수 있는 다소 독특한 직책을 맡을 기회를 제공했고, 또한 나는 여기에서 개개인의 경험, 전문성 그리고 통찰 등을 활용할 수 있었다.
나를 위해 일해줄 수 있는 네트워킹을 만드는 것이 매우 중요했다. 사실 이것이 '신의 한 수'였다고 생각한다.

챡스 포듀리Chax Poduri,
휴렛-팩커드, 최고 재무 중역

Chapter 2
지금 어떻게 네트워크를
하고 있는지 재고하라

얼마 전 나는 최근 큰 규모의 글로벌 부동산회사의 대표로 승진한 저스틴과 점심을 같이 하면서, 오늘날 당연히 요구되는 다양한 레벨의 투자자 관리도 수반해야 하는 새로운 직책의 핵심 필수사항들에 대한 얘기를 주고받았다.

"무척 힘든 일입니다." 그녀가 얘기를 이어나갔다. "할 일은 너무 많은데, 전혀 지원을 못 받는 기분이에요. 그런데 참 이상한 건 저에게는 큰 네트워크가 있는데도 말이죠."

그래서 우리는 소위 이 큰 네트워크라는 것을 좀 더 파헤쳐보기로 했다.

- 네트워크 안에 누가 있는가?
- 지금 그녀가 이 위치에 이르는 데 그들이 어떠한 도움을 주었나?

- 주어진 새로운 직책에 대한 요구사항과 앞으로의 커리어를 위한 그녀의 포부를 그들이 어떻게 계속해서 도울 수 있을까?

여태까지는 저스틴의 네트워크가 그녀에게 유용하게 작용했던 것으로 보인다. 하지만 그녀가 새로운 역할을 맡으면서 그녀 역시 새로운 현실에 직면하게 되었다. 그녀의 500명이 넘는 네트워크 속 인물 중에 단 한 명도 그녀가 필요로 하는 고위 경영자급이 직면한 투자자 관리, 조직 동향 파악 또는 행동 요령 등에 관련된 조언이나 상담 또는 전략적인 사고 등을 알려주는 이가 없었다.

현실은, 그녀의 네트워크가 20퍼센트 더 몸집이 커졌지만, 그녀를 위해 일한 것이 아니라 오히려 그녀를 방해한 모양새였다.

저스틴의 경험이 그리 이례적인 것은 아니다. 의뢰인 중 대다수가 자신의 커리어가 정상의 위치에 올랐을 때 자기 자신, 자신의 역할 그리고 자신의 네트워크 등을 재고해본다. 우리 대부분은 주로 결과물을 내는 능력과 주요 성과 지표 등을 바탕으로 승진을 하고 가는 곳마다 연락처를 모아둔다. 그러다 문득 누구를 아는지가 무엇을 아는지보다 훨씬 더 중요하다는 사실을 깨닫게 된다.

자신의 위치가 올라가도 계속해서 가치가 더해지는 네트워크를 가지기 위해서는 자신이 알고 있는 사람들과 자신의 목표 그리고 그것을 어떻게 달성할 것인지에 대한 재평가와 재검토가 필요하다.

당신의 위치를 잘 이해해줄 사람이 필요한데, 특히 그 위치가 바뀔 때는 더욱 그렇다.

당신이 지금 안고 있는 문제점은 무엇인가? 그런 문제점들이 2년 내에 어떻게 될 것 같은가?

저스틴은 결정을 내려야 했다. 지금 상태에 안주하면서 그냥 '눈치껏 행동'하거나 아니면 그녀의 사고를 더 확장시키고 지금 그녀가 하는 일에 방향을 잡아줄 수 있는 인물을 적극적으로 찾아 나서는 것이다.

● 현황 점검

그래서 지금 당신은 네트워킹을 어떻게 하고 있나? 자신의 현재 습관을 인지하는 것만으로도 반드시 해야 할 일에 변화를 줄 수 있다.

물론 당신은 자신이 현재 네트워킹을 하고 있다고 생각할 수 있지만, 아마도 가장 비효율적인 방식으로 하고 있을 것이다. 한 개나 두 개 정도의 네트워크 그룹에 속해 있고, 연락처 리스트도 있으며, 다양한 소셜미디어를 통한 관계망도 이루고 있지만 - 즉, 규모가 크지만 - 그런 연락처 중에 과연 몇 명이나 알고 있는가? 정확하게 몇 명이나 되는가? 자신이 가진 연락처 중에 몇이나 당신과 당신의 성공에 관심을 가지는가? 당신 역시 그들의 목표나 포부를 알고 있는가? 또 서로의 목표달성을 돕기 위해 무엇인가를 하고 있는가?

실제로 우리가 알고 있는 네트워킹은 얄팍하고 피상적이며 그리 효과적이지 못하다. 기하급수적인 성장과 성공을 위해 우리에게 필요한 것은 거래적인 연결이 아니라 변화 가능한 연결의 네트워크다.

〔그림 2.1〕은 비효율적인 네트워킹에서 기하급수적으로 증가하는 네트워킹으로의 변화를 보여준다. 그림에 등장하는 각 원은 변화하는 세 단계를 나타내고 있다.

[그림 2.1] 비효율적인 네트워크에서 기하급수적으로 증가하는 네트워크로

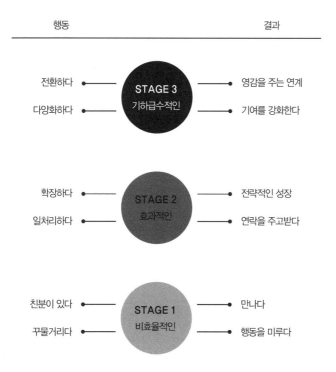

● STAGE 1 : 비효율적인 단계

"나는 사람들과 접촉할 때 긴장하는데……", "나는 부끄러움을 많이 타서……", "나는 내성적이라……." 이런 말들은 네트워킹 단계의 가장 밑단에 자리하고 있는 무리가 쓰는 가장 흔한 변명이다. 그들은 네트워킹의 전체 개념을 '공포'라고 새겨 놓은 상자에 자리 잡게 한다.

공포는 스스로 거두며 우리의 자존감, 자신감 그리고 우리가 생각하는 바를 타인과 나누는 능력마저 갉아먹는다. 더 나쁜 상황은 이 공포가 우리 안에 떡하니 자리 잡고 있으면 얼떨결에 실패와 손잡는 꼴이 될 수도 있다. 이는 마치 혼자서 술래잡기를 하거나 혼자만을 위한 파티를 여는 것과 다를 바 없다. 그리 이치에 맞는 얘기는 아니다. 그렇지 않은가?

당신이 밖에 서서 자기 자신의 내면을 들여다보고 있다고 가정해본다면, 당신에겐 아마도 믿을 수 있는 사람이 없다거나 또는 자신은 자그마한 일도 놓칠 수 없는 완벽주의자라 모든 일을 자신이 해야 한다고 생각할지도 모른다.

만약 당신이 정신적인 에너지의 한계치를 꽉 채워 온통 다 소진해버린다면, 매일 버텨야 할 공급원을 한꺼번에 모두 탕진해버리는 셈이다. 혹시나 당신은 자신의 네트워크나 회사 또는 커리어를 키우기 위해 이 책을 골랐을 수도 있지만 그런 생각 역시 힘에 부치는 일이다.

네트워크의 가장 밑 단계에 자신을 한정 짓는 것은 사실상 자신을 더욱더 네트워크로부터 멀어지게 하는 것이다. 원래 그 자리는 성장과 변화에 역행하는 곳이기 때문이다.

<u>안주하면 할수록 더 고립되고 혼자가 된다.</u>

미지에 대한 두려움으로 직장에서 그 자리를 고수하며 계속 정체되어 있는 이들을 생각해보라. ARVis협회의 CEO인 테리나 앨런^{Terina}Allen은 이들을 가리켜 '직장 붙박이^{Job clinging}'(링크드인, 2014년 9월 19일)라고 이름 붙였다. 앨런은 이런 사람들은 같은 직무나 같은 직장에 5년이나 그 이상을 근무하면서 직책이나 임금 변화가 없는 이들이라고 정의했다.

이런 직장 붙박이는 세 가지 위험에 직면할 수 있다.

1. 보수가 적어진다. (2014년 6월 22일자 〈포브스〉 '2년 이상 근무자가 50% 더 적게 번다'를 참고하라.)
2. 승진에 둔감해진다.
3. 관리에 대한 관심도가 줄어들고 위험성에 무뎌지게 된다.

만약 당신이 네트워크를 구축하는 데 꾸물대거나 그저 흉내만 내고 있다면, 아래와 같은 손해를 볼지도 모른다.

1. 기회로부터 단절된다.
2. 커리어에서 퇴행하거나 경쟁력을 잃는다.
3. 무신경하게 되고 눈에 띄지 않게 된다.

네트워킹에 꾸물대고, 네트워킹을 모두 다 외면하며, 행사에 반드시 참여해야 해서 가는 것은 (그런 다음 재빨리 그 자리를 뜬다), 성공으로 가는 길이 아니다.

효과적인 네트워크를 만들기 위해서는 무엇인가를 해야 한다. 인생에 의미 있는 것들이 보여주듯이 무언가를 성취하기 위해서는 노력해야 하는데, 가장 먼저 방향을 틀어서 당신의 안전지대에서 나올 준비를 해야 한다. 100미터 달리기를 하기 전에 끝 지점이 어딘지 알아야 시작 총성이 울렸을 때 그곳을 향해 전력질주할 수 있듯이 말이다.

다른 가능성과 사람을 알아볼 때는 신중하게 결정해야 한다. 이 시간이 자신의 두려움과 직면하고, 선택하고, 해내는 때가 된다. 깊게 파고들어 자신에게 익숙하고 안전한 곳으로부터 나오라. 이는 오직 행동을 통해서만 가능하고, 다른 사람들과 일을 시작하게 되면 이 네트워크가 비로소 개인의 가치를 전해주게 된다. "천천히 가는 것을 두려워하지 말고, 그냥 가만히 서 있는 것을 두려워하라."는 중국 속담처럼 말이다.

당신의 상황은 어떤가?

- 당신은 비효율적인 네트워커인가?
- 당신은 컴퓨터 뒤에서 위축되어 만약 당신이 실제로 누군가와 접촉한다면 앞으로 일어날 일들이 두려운가?
- 네트워킹에 꾸물대고 지체하는가?

• 네트워킹 이벤트에 이곳저곳 그냥 참여만 하고 다니는가?

걱정하지 마라. 이 책이 이 모든 것을 바꿔줄 것이다.

● STAGE 2 : 효과적인 단계

이미 정기적인 네트워킹 행사에 참여하고 있는가? 당신의 팀, 부서 또는 사무실 외에 사람들을 알고 있는가? 소셜미디어로 사람들과 접촉하고 있는가? 활발하게 연락 리스트를 만들고 있는가?

위의 질문 모두에 '그렇다'라고 답했다면 당신은(이 장의 초반부에 등장하는 저스틴을 포함해서) 네트워킹 사다리에서 '효과적인' 칸에 해당된다. 당신은 일하고, 연락을 취하고, 자신의 네트워크를 키우느라 정신없이 바쁘다.

1단계 모델에 있던 수동적인 타입과 달리 두 번째 단계에 위치한 사람들은 좀 더 적극적이고 자신감이 넘친다. 아마도 이런 사람들에게는 비즈니스에서 네트워크가 얼마나 중요한지 확인시켜줄 필요도 없을 것이다. 하지만 이들은 사람들을 알고 비즈니스를 키워가는 것을 단순히 숫자 게임이라고 생각하기도 한다. 의식적으로든 무의식적으로든 당신은 이런 부분이 영업, 추천 또는 소개 등에 유용하다고 확신하고 있다.

간단히 말하자면 당신은 단지 운에 맡기고 있다.

마음 맞는 사람들과 연계하고 배움과 정보를 또는 직업상 필요로 하는 비즈니스 개발과 선두 그룹 등 당신을 지지해주는 사람들을 찾는다고 하더라도 당신은 이들에 대한 어떠한 지배력도 없다.

물론 당신은 네트워킹 그룹, 업계 이벤트 또는 자기개발 프로그램 등으로 그들과 활발하게 교류하고 있다. 오랫동안 이런 네트워크에 몸담아왔으므로 사람들 이름쯤은 다 알고 있을 것이다.

우리는 밤마다 초콜릿을 한 상자씩 먹어 치우는 것이 허리둘레를 줄이는 데 전혀 도움이 안 된다는 사실은 이미 알고 있다. 마찬가지로 얼빠진 텔레비전 리얼리티쇼를 몇 시간 동안 시청하는 것이 우리의 지성에 그리 도움이 되지 않고, 하루 온종일 앉아만 있는 것 역시 우리에게 필요한 운동이 되지 않는다는 것도 인지하고 있다. 같은 이치로 오직 똑같은 개인이나 그룹만 접촉하는 것은 자신의 가능성을 한정하는 것이다. 마냥 편하기만 하면 그 어떤 것도 당신을 위해 일하지 않을 것이고, 결과적으로(저스틴이 알아낸 것처럼) 이런 수동성이 당신의 성장을 방해하게 될 것이다.

데일 카네기Dale Carnegie는 세계적 베스트셀러이자 고전인 《인간관계론How to Win Friends and Influence People》에서 "2년을 공들여 타인이 나에게 관심을 기울이게 하는 것보다 2달 동안 남들에게 관심을 나타냄으로써 더 많은 친구를 만들 수 있다."라고 말했다. 이는 매우 거래적인데, 여기서 거래란 네트워크 속 사람들과의 교류가 상당히 얄팍하고 순전히 일에만 관련되어 있는 숫자 게임에 불과하다는 의미이다. 이 단계에서 당신은 '그 속에 나를 위한 것이 있는가?'에만 초점을 맞춘다. 즉, '이것이 비즈니스로 이어질 수 있나?', '이 사람에게 판매할 수 있을까?', '당신을 앎으로써 브랜드 노출의 기회가 더 많아질까?' 등.

당신이 진정으로 자신의 커리어를 발전시키고 싶다면 주고받기를 하는 사람들과의 관계를 더 진전시켜야 한다. 2단계는 영향력 있는 네트워크를 전략적으로 구축해야 하는 시작점에 불과하다.

당신의 상황은 어떤가?

- 자신을 효과적인 네트워커라고 생각하는가?
- 많은 사람을 알고 정기적인 네트워킹 모임에도 참여하는가?
- 명함집을 채울 만큼 비즈니스 명함을 가지고 있고, 페이스북 친구, 트위터 팔로워, 링크드인 커넥션 등이 있는가?
- 자신의 네트워크를 넓히기 위해 정기적으로 노력하는가?

이제 당신의 인생과 커리어를 한 단계 끌어올릴 시간이다.

● STAGE 3 : 기하급수적인 단계

이 단계에 있는 당신의 네트워크는 다음과 같은 인물들로 구성돼 있을 것이다.

- 지금 자신이 하는 업무에 도움을 줄 수 있다.
- 즉각적인 자기개발 요구사항을 만족시켜준다.
- 자신이 현재 핵심 비즈니스의 목표달성을 돕는다.

기하급수적인 단계에서 당신은 사람들의 숫자보다는 자신이 알고 있는 사람들의 질에 집중해야 하는데, 이 단계에서의 네트워크란 아래와 같아야 한다.

1. 자신의 접촉면을 다양화하고 자신이 가지고 있는 사고, 계획 그리고 방향성 등에 이의제기할 수 있는 사람들을 알아본다.
2. 자신의 업무와 다른 직종에 종사하거나 다른 직급의 인물을 찾는다.
3. 자신에게 없는 기술이나 전문성을 가진 인물과 가까이 지낸다.
4. 가능성과 기회들에 호기심을 가진다.
5. 자기 자신과 타인에 대한 깊은 이해를 돕기 위해 연계한다.
6. 자신의 행동과 태도에 집중하고 더 신중해진다.
7. 자신과 타인의 성공을 이루기 위해 시간과 노력을 투자한다.
8. 상호주의의 효력을 이해한다.
9. 경계를 허문다.
10. 자신이 중심이 된 네트워크를 형성한다.

효과적이고 강력한 네트워크를 만드는 것은 단순히 자신의 '무리'를 찾는 것 이상을 의미한다. 이런 네트워크에는 관계와 기술의 방대

함이 요구된다. 따라서 당신은 스스로 좀 더 많은 가능성을 향해 열리게 되고, 동일성을 가진 그룹에서는 절대 찾을 수 없는 기회들을 접하게 된다. 늘 자신의 무리와 뜻을 같이할 수 없을지도 모르지만, 바로 그 사실이 중요하다. 의문을 제기하는 것이 더 깊은 인식과 이해를 가져다주기 때문이다.

<u>변화하는 연결의 네트워크 구축이 각각 다른 전문성, 나이 그리고 경험을 포용하도록 돕는다.</u>

이는 직종과 분야를 넓혀서 대화의 깊이와 범위의 제한 없이 자신을 그 대화에 녹아들게 만드는 것이다. 예를 들면, 기업의 리더, 개발자, 코치, 기업가 또는 변호사 등과 함께 문제를 해결하는 것을 말한다. 이는 굉장히 다채로운 대화로 다른 관점과 넓은 시야를 교류하는 것이다.

'The Network Secrets of Great Change Agents(위대한 변화 담당자들이 가지고 있는 네트워크의 비밀)'(〈하버드비즈니스리뷰〉, 2013년 7월 8일자)에서 줄리 바틸라나Julie Battilana와 티지아나 카스시아로Tiziana Casciaro는, "이 단계에서 네트워크를 구축하는 것은, 누군가가 직장 내 공식 서열상 어느 위치에 있는가를 아는 것이 아니라 그보다는 그 사람을 얼마나 잘 이해하고 있으며 정보나 지식, 다른 사람들을 어떻게 효과적으로 결집시키느냐가 관건"이라고 주장한다.

당신이 조직에서 정상의 위치에 있든 아니면 새로 시작하든, 그 분야의 리더이든 신참이든, 자신의 네트워크에서 발생하는 기회를 알아차리고 전략적으로 그리고 변화 가능하게 행동하라. 이것이 성공의 열쇠다.

네트워크 전문가인 키이스 페라지가 언급한 것처럼 말이다. "자신의 네트워크가 곧 자신의 운명이다. …… 우리가 상대하는 사람들이 바로 우리 자신이다."

당신의 상황은 어떤가?

- 자신을 기하급수적인 네트워커라고 생각하는가?
- 당신의 네트워크는 다양하고 개방적이며 변화 가능한가?
- 당신에게 없는 기술을 가진 사람이 당신의 네트워크에 있는가?
- 당신의 네트워크가 당신의 생각에 이의를 제기하고 호기심을 가지게 해주며 혼자보다 당신을 더 멀리 가도록 해주는가?

과연 그러한가? 그렇지 않다면 당신이 이 책을 읽고 있어도 여전히 뭔가가 제대로 작동하지 않는 것이다.

● 거래에서 변화로

지금껏 우리가 살펴봤듯이 전형적인 방식의 거래적인 네트워킹에서 벗어나 자신의 네트워크를 다시 생각해서 변화 가능한 네트워크로 변신을 시도해야 한다. 그러나 이 두 가지 타입의 네트워크가 각각

[그림 2.2] 거래 vs. 변화

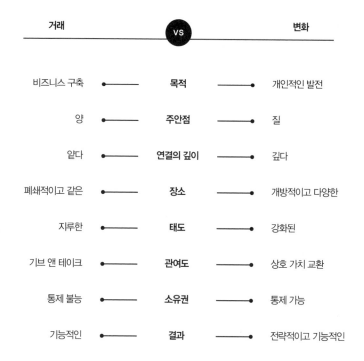

거래	목적	변화
비즈니스 구축	목적	개인적인 발전
양	주안점	질
얕다	연결의 깊이	깊다
폐쇄적이고 같은	장소	개방적이고 다양한
지루한	태도	강화된
기브 앤 테이크	관여도	상호 가치 교환
통제 불능	소유권	통제 가능
기능적인	결과	전략적이고 기능적인

사용되어야 할 곳이 있으니, 이 두 가지 방법의 차이점을 아는 것이 중요하다. 그래야 제대로 된 방법을 알맞게 사용할 수 있다.

〔그림 2.2〕는 전형적인 방식의 네트워크와 변화 가능한 네트워크의 차이점을 정리해 보여주고 있다.

거래적인 네트워킹 역시 중요하고 또한 분명히 쓰임새가 있다. 하지만 그에 맞는 역할을 분명히 해야 한다. 거래적인 네트워크의 접근법은 신분이나 양으로 승부할 때 적합한데, 자신의 재능, 예전의 성공, 명함에 적힌 자신의 직위 등을 활용하면 유용하고, 특히 숫자 게임에 유리한 이런 접근법이 비즈니스 성장이나 선두 유지 그리고 영업에서는 대단히 필수적이다.

반면 변화 가능한 네트워킹은 개인적인 네트워크를 좀 더 깊은 단계로 이끌어 결속시킨다. 이는 당신을 네트워크의 중심에 두어 개인의 성장과 성공에 중요한 사람과 정보를 연결해준다.

네트워킹 = 거래 = 비즈니스 성장
네트워크 = 변화 = 개인의 성장

이제 당신의 네트워크를 변화시킬 차례다.

● 좁게 생각하고, 깊게 가라

1990년 영국의 인류학자 로빈 던바Robin Dunbar는 인간이 편안하게 유지할 수 있는 인간관계는 정확히 하자면 150명 정도가 한계치라고 주장했다. 이름을 기억하고 연락을 주고받고 서로의 부탁을 들어주는 등의 안정된 인간관계를 유지하기에 이 정도 숫자면 가능하다는 얘기다. 이보다 더 많아지면 인간관계는 작은 소그룹이나 계파들로 쪼개진다고 역설했다.

이 이론은 가장 최근에 발표된 마이클 시몬스Michael Simmons의 'How Big Should Your Network Be(당신의 네트워크는 얼마나 커야 할까?)'(《포브스》, 2014년 1월 2일자) 등을 포함해 여러 번 문제가 제기되어왔다.

컨택츄얼리Contactually의 설립자 즈비 반드Zvi Band는 극도의 디지털로 연결된 시대에 "지금의 소프트웨어는 던바의 숫자를 적어도 두 배 내지 세 배로 늘려 놓을 수 있다."고 반박했다.

하지만 그룹의 인원수가 너무 많아서 작은 그룹으로 떨어져 나가 소규모 그룹을 형성한다는 이론 역시 타당한데, 이는 영업목표에 지장을 주거나 자신의 네트워크의 영향력이나 효과를 감소시키기도 한다.

그래서 나는 주목할 만한 소규모 인원으로 시작하되 당신이 안정적으로 중심에 자리를 잡고 성장 동력을 갖는 것을 추천한다. (일단은 4명 정도로 시작해서 점차 12명으로 확장하면 되는데, 이는 다음 장에서 설명할 것이다.) 소규모 그룹은 수준 높은 사고나 행동의 모델을 제시할 수 있고, 혼자서 하는 것보다 더 멀리 도달할 수 있도록 도우며, 바로 이것이 변화 가능한 연결이 이루어지는 이유이기도 하다. 이 지점이 당신이 게임의 판도를 바꿀 수 있고, 불가능을 가능으로 만들고, 다른 사람에게 행동하고 연결하고 꿈꾸도록 영감을 불러일으킬 수 있는 시작점이다.

우리 모두에겐 시간이 늘 부족하기 때문에 소규모 그룹에 초대할 만한 사람들을 신중하게 그리고 전략적으로 선택하는 것은 매우 중요하다 하겠다. 자신의 네트워크를 꼼꼼히 잘 짚어보라. 얼마나 많은 사람이 있는가? 그들은 어떠한 영향력을 가졌는가? 그들은 〔그림 2.1〕의 네트워킹 단계 어디에 위치해 있는가? 당신은 미적거리는 유형인가, 이곳저곳 기웃거리는 유형인가, 거래적이고 확장하는 유형인가 아니면 다변화하고 변환 가능한 유형인가? 우리 대부분이 아마도 위에 열거한 것 중 어딘가에는 속하고 있는데, 그 의미는 이제 우리가 변해야 할 시간이란 것을 뜻한다.

앞에서 봐왔듯이 우리는 단지 거래를 통해서 너무 많은 사람을 위한 너무 많은 일을 하려고 하는 것을 멈춰야 한다. 이제는 상호 이익을 위한 가치를 맞교환하고, 연결된 비전과 목표로 신뢰를 쌓아야 할 시기다. 오직 핵심 네트워크에만 집중함으로써 자신의 잠재력을 더 개발할 수 있다. 기회와 성장은 우리가 목표물의 범위를 좁혀서 조준하고, 우리의 자신감을 상승시키는 연결들을 발전시킬 때 가능하다. 우리가 현재 만들고 있는 네트워크와는 상반되는 효과적인 네트워크를 구축하기 위해서는, 철저한 네트워크에 대한 이해가 요구된다. 그래서 숫자에 집착하는 것을 떨쳐내고 전략적 네트워크의 기술을 배워야 한다.

성공적인 네트워크는 누구를 아는지가 그 성패를 결정하고, 그들 사이에 발생하는 협업이 결과를 좌우한다. 《혼자 밥 먹지 마라》의 저자 키이스 페라지는 '인생의 성공 = (당신이 만나는 사람) + (같이 만들어내는 것)'이라고 결론 내렸다. 진정한 파워란, 다음 장에서 보게 될, 공동으로 함께하는 일에 달려 있다.

● "협력하기"

리사 맥애덤스Risa McAdams는 직장 내 가정폭력 전문가이자 상담 컨설턴트로 시드니에서 일하고 있다. 처음 사업을 시작했을 때 그녀는 혼자였고, 미친 듯이 네트워크를 만들어내야 했다.

"진실하게 행동한다면 올바른 네트워크가 당신과 비즈니스의 성장 속도를 엄청나게 가속화해줍니다."라고 리사는 말한다. "당신이 승리하는 곳에 사람들이 있고, 당신이 승리하지 못할 때도 당신을 격려할 사람들 또한 그곳에 있습니다."

리사는 자신의 무리, 즉 똑똑하고 상업적이고 성과 지향적인 비즈니스우먼들을 LBD그룹에서 찾았다. 그녀는 자신의 비전이 결실 맺도록 도움을 주기 위해 함께 일할 수 있는 인물들 중심으로 네트워크를 형성했다. 그녀는 전략가들, 디지털 전문가들, 조직 내부 네트워커들 그리고 그녀의 자신감과 자기 확신을 강화해줄 이들과 교류했다. 지금 리사는 가정폭력 해결 분야의 리더로서 두각을 나타내고 있다.

"비즈니스는 연락망과 해결 능력의 협력 사업이 되어가고 있습니다. 지식은 공유되고 조언은 구하기 쉽죠. 나의 네트워크는 내 사람들, 내 팀, 서로를 격려해주는 그룹으로 이루어져 있습니다. 그들은 나와 함께 승리를 축하하면서도 그다음 순간을 말하죠. '좋아, 다음은 뭐지? 집중하고 있나?'라고요. 그들은 내가 새로운 안전지대를 만들기 전에 내가 앞으로 나아가도록 이끕니다."라고 그녀는 덧붙였다.

Chapter 3
집단적 네트워크로 전환하기

수잔 콜린스Suzanne Collins의 공상과학 소설 《헝거 게임The Hunger Games》에서는 12개 구역에서 추첨으로 뽑힌 12세에서 18세 사이의 소년 소녀들이 텔레비전에 생중계되는 살인 불사의 생존 게임을 위해 서로 싸운다.

16세 소녀 케트니스 에버딘은 게임에서 분노와 경쟁보다는 그녀의 무기인 열정과 협동을 통해 다른 출전자와 게임의 운영자까지 전략적으로 앞지른다. 그녀는 게임에서 이겼을 뿐만 아니라 혁명의 상징이 된다.

케트니스 혼자로는 결코 위협이 되지 못했다. 하지만 그녀가 다양한 특기를 가진 다른 참가자들, 전략가들과 함께 힘을 합치면서 그녀의 영향력이 기하급수적으로 커진다. 그녀는 자신의 취약한 부분을 보강해줄 인물을 신중하게 선별해서 오랫동안 우주를 지배해왔던 절대권력에 대항할 만한 하나의 거대한 수퍼파워 군단을 이룬다. 대부분의 디스토피아적 소설이 그렇듯이 스토리의 교훈은 뚜렷하게 드러난다. 즉 우리 혼자의 힘으로도 많은 것을 해낼 수 있지만, 맞는 사람들과 전략적으로 뜻을 같이하게 되면 변화를 이끄는 잠재력을 발휘하게 되고 곧 인생이라는 게임의 판을 바꿀 수 있다는 것이다.

● 태풍의 눈

당신의 커리어가 어떤 단계에 와 있건 상관없이 오늘날 세계는 혼자서는 도저히 감당하기 힘든 끝없는 난관, 변화, 분주함에 휩싸여 있다. 그래서 넋 놓고 가만히 앉아 세상이 도와주겠거니 하고 기다리는 건 토네이도 한가운데 앉아 있는 것과 마찬가지다.

자신의 결정이나 진로에 주체의식과 책임감을 가져야 한다. 그렇지 못하면 전혀 예상치도 못한 곳으로 끌려 들어가 내동댕이쳐질 위험을 감수해야 된다.

자신을 위해 일해줄 전략적인 네트워크를 형성하는 법을 배워야 한다.

소용돌이 속에서 살아남기 위해서는 여태껏 들어왔던 네트워킹에 관한 모든 것들을 지워버려라. 그리고 자신에게 물어라 : 지금 내 네트워킹에는 누가 있는가? 누가 내 네트워크에 있어야 하는가? 효과적인 변화를 위해서 그룹으로 어떻게 같이 일할 수 있을까?

작가 섀넌 앨더Shannon Alder는 위에 질문들에 현명한 대답을 내놓았다. "자신의 꿈을 함께 나눌 사람들을 초대하는 것은, 악천후 속에서도 같이할 미래의 동지를 만드는 것이다."

"누구도 혼자서는 성공할 수 없다."고 리처드 브랜슨은 말한다. 21세기에 개인의 성장을 위해 네트워크를 구축하는 것은 맞는 사람들과 연계하고 협업하는 데 달려 있다. 이는 좀 더 깊숙한 단계에서 자신의 목표와 포부를 이해하고, 자신과 그룹 전체의 성장을 공동이익으로 발전시킬 수 있는 사람들과 자유롭게 지식과 통찰을 나누는 것을 의미한다. 오직 함께 움직이는 법을 배워야만 우리는 더 빨리 움직일 수 있다.

● 피플 파워

매년 스위스의 다보스에서는 2500명이 넘는 사람들이 5일 동안 모여서 세계적인 현안을 토론하는 경제 포럼이 열린다. 여기에는 세계적으로 가장 영향력 있는 인물들이 참석하는데, 대통령, 총리, 비즈니스와 금융 리더들, 언론인 등을 비롯해 앨 고어Al Gore부터 빌 게이츠Bill Gates, 보노Bono, 파울로 코엘료Paulo Coelho 같은 유명인사들도 참석한다.

1971년 오스트리아 정치가 클라우스 슈밥Klaus Schwab이 설립한 이 세계 경제 포럼은 그 역할을 이렇게 명기하고 있다.

점들(단편적인 사실들)을 연결해 결과를 도출하고 리더들이 선행적으로 미래에 초점을 맞춰 앞을 내다보는 전략적인 세계관을 발전시킬 수 있는 공간을 제공해야 한다. 그런 공간이란 활발히 상호 교류하고 동시에 과거의 난관을 수용할 수 있는 곳을 가리킨다. [2]

이러한 다양한 사람들을 한자리에 모이게 만드는 행위 그 자체가 다보스에서 개최되는 이 모임의 정신을 더욱 빛나게 한다. 슈밥은 이를 이렇게 설명했다. "발전은 긍정적인 변화를 이끌어내려는 기백과 영향력을 가진 다양한 사람들이 한데 어울릴 때 이루어진다."

각양각색의 경험과 기술을 지닌 사람들과 교류하고 협력하다 보면 (소설 《헝거 게임》 속 케트니스가 한 것처럼) 자신의 부족한 점 또한 보강할 수 있다. 우리 각자에겐 자신만의 장점, 열정 그리고 경험 등이 있다. 그렇다 하더라도 자신의 약점은 무시한 채 오직 장점만을 내세운다면, 결국 도태되는 위험을 떠안게 된다.

마찬가지로 비슷한 생각을 가진 사람들과만 교류하다 보면, 특히 사람들과 거래하느라 바쁠 때 이런 일이 많이 발생하게 되는데(앞 장에서 보았듯이), 자신의 성장을 저해하게 된다.

우리 대부분이 자신이 속한 조직이나 직업과 연관된 사람들과 교류하는 것은 지극히 당연하다. 변호사는 법률적인 직업을 가진 사람들과 시간을 보내고, 소규모 사업자들 역시 비슷한 분야에서 일하는 사람들과 이러저러한 어려움을 나누며 친분을 쌓는다. 대학을 갓 졸업한 졸업생들도 처지가 비슷한 졸업생들과 취업의 고충을 나누면서

---

2 세계 경제 포럼 연례 보고서, 2015~2016

위안을 얻기도 한다. 하지만 어느 순간 이런 대화들로 과하게 넘쳐나게 되고, 우리는 결국 그런 관계를 '끝내게' 된다.

이를 해결해준 열쇠는 다양한 사람들과 교류하는 것인데, 왜냐하면 다양성을 통해 경쟁력을 확보할 수 있기 때문이다.

당신은 어떤 분야에 취약하거나 부족한가? 자신에게 필요한 부분을 채워줄 인물을 찾아 교류할 수 있도록 혼신의 노력을 다하라.

● 가치는 쌍방향이다

밥 버그Bob Burg와 존 데이비드 맨one David Mann의 책 《레이첼의 커피The Go-Giver》는 성공을 갈망하는 야망 가득한 젊은이 조의 이야기를 담고 있다. 조는 성공에 뚜렷한 목적과 목표를 가진 야심가였지만, 어찌된 일인지 그가 일을 열심히 하면 할수록 자신이 정해 놓은 목표에서 점점 더 멀어지게 되었다.

초라한 영업 실적으로 마지막 분기를 다급하게 마무리 짓던 어느 날, 조는 전설적인 컨설턴트로 평판이 자자한 핀더에게 조언을 구하기로 한다. 핀더는 조에게 다양한 직업과 분야에 종사하는 믿을 만한 동료로 구성된 각양각색의 네트워크를 소개한다.

핀더의 친구들은 다른 사람들과 지식과 견문을 주고받고 나누는 데서 나오는 효력을 끌어안으라고 조언한다. 조는 자신의 이득보다 타인의 관심을 먼저 배려할 때, 지속적으로 타인을 위한 가치를 더할 방법을 찾으려 할 때, 그리고 오직 자신만을 위한 이익이 아니라 타인과도 상호 이익이 되는 네트워킹을 할 때 기회가 찾아온다는 사실을 깨닫는다.

성공한 네트워킹의 핵심은 단순히 거래라는 의미를 넘어, 상호 이득을 가져다주는 과정인 가치 교환이라는 개념에 바탕을 둔다.

가치 교환이란, 두 명이나 그 이상의 개인이 자신의 식견, 인맥 그리고 지식과 아이디어를 나누는 것을 말한다. 이때 판매와 시장가치가 급격하게 증가한다.

애덤 그랜트Adam Grant는 세계적 베스트셀러 《주는 사람이 성공한다, 기브앤테이크Give and Take》에서, 개인이 남을 위해 가장 많이 기여하는 사람, 즉 '베푸는 사람, 기버Giver'가 될 때 정상의 위치로 올라간다고 언급한다. 반면 '테이커Taker'는 남들로부터 최대한 많이 챙기려는 사람이고, '매처Matcher'는 주는 만큼 받기를 원하는 사람으로 공들인 만큼 성공하기 어렵다.

게다가 베푸는 사람들이 성공하면 마법 같은 일들이 벌어지곤 한다.

> 기버들은 자신 주위의 사람들까지도 성공하게 만드는 파급효과를 불러일으킨다. 근무지에서 다른 사람들을 대하는 매 순간 우리는 선택하면 된다. 자신이 한 만큼에 대한 대가를 요구할 것인지 아니면 되돌려 받을 걱정은 접어두고 가치를 더하는 데 기여할 것인지를 말이다.

"바다 한쪽에 돌을 던지면 다른 쪽에 큰 파도가 인다."고 빅터 웹스터Victor Webster는 말했다. 효과적인 네트워크는 성장과 기회의 파급효과를 만들어낸다. 사회 심리학자들은 이를 '상호법칙'이라고 부르고 다른 이들은 '모든 일은 뿌린 대로 거둔다'라는 사회적 통념으로 인식한다. 자신이 누구이건 어떤 직함과 직책을 가지고 있건 우리가 만들어낸 모든 관계는 영향력을 지닌다. 각각의 관계와 교류가 다른 이들에게 셀 수 없는 잔잔한 물결이 되어 파도를 일으키는 것이다.

네트워킹은 흡사 연못에 돌멩이를 던지는 것과 같다. 우리는 개인의 힘만으로도 어떤 종류의 움직임을 만들어낼 수 있지만, 다 함께 힘을 모아 일하면 베푸는 이들이 그러하듯 성장 동력과 영향력을 가진 파문을 일으킬 수 있다.

● 이것은 경쟁이 아니다

비즈니스의 세계는 점차 경쟁이 치열해져 가고 있지만, 네트워킹은 경쟁에 관한 것이 아니다. 그 이유를 들여다보자.

1955년 조셉 루프트Joseph Luft와 해리 잉햄Harry Ingham이 개발한 '조하리의 창 이론Johari's Window Model'은 개인 간의 이해를 돕는 데에 그 목적이 있다. 이 이론은 타인에게 자신의 정보를 공개함으로써 그들과 신뢰를 쌓을 수 있고, 그들이 주는 피드백은 우리 자신에 대해 배우고 우리가 발전할 수 있도록 돕는다는 아이디어를 바탕으로 한다.

우리의 네트워크도 이와 비슷하다고 보면 되는데, 자신의 일부분을 나눔으로써 남들 역시 우리와 기꺼이 나누려고 한다는 것을 알게 된다. 모두가 함께 협력하게 되는 것이다.

내가 만나본 수많은 기업가는 자신의 경쟁자가 무엇을 하는가를 궁금해하기보다는 본인에게 딱 맞는 협력의 기회들을 찾아낼 수 있는가를 고민하는 데 대부분 시간을 쏟았다. 그들은 같이 협력하고, 지식과 통찰을 나눔으로써 발생하는 새로운 기회, 결과물 그리고 시장의 가치를 잘 이해하고 있었다.

성공은 활발히, 기꺼이 그리고 온전하고 정직하며 완전히 드러내고 협력할 때 완성될 것이다.

경쟁에 집중하고 경쟁자들이 하는 일과 자신이 해야 할 일이 무엇인지 생각하는 데만 집착한다면, 아무런 효과도 없이 제자리에서 맴돌 뿐이다.

나의 전작인 《From Me to We(나에서 우리로)》에서 협조적인 근무 태도를 이끌어내는 7가지 재결부 원칙에 대해 자세히 서술했다. 그것들 중 한 가지 핵심 원칙이 바로 '가치 교환'이다.

소규모이거나 경쟁상대를 끌어들여 공동 이득을 보는 네트워크에 참여하는 몇몇 경쟁자가 자신들의 약점을 알아내 이용하지는 않을까 걱정하기도 한다. 하지만 상호 간 가치 교환이 경쟁의 위험보다 훨씬 더 많은 기회를 가져다준다는 데에 일고의 의심의 여지도 없다.

나는 경쟁은 없다고 생각할 만큼 순진하지는 않다. 물론 한편으로 남들이 자신의 아이디어를 편취해 도용한다고 느낄 수도 있다. 비즈니스가 마치 개인적인 일이 되어 사람들이 당신의 생각을 무임승차하듯 갖다 써버린다는 기분이 들기도 한다. 나에게도 그런 개인적인 경험이 있다. 참담해질 수도 있다. 당신이 그런 일이 일어나도록 그냥 내버려둔다면 말이다. 그러나 그것이 열쇠다. 자신을 망치고 싶으면 자신에게 그런 일이 일어나도록 허락하면 된다.

사업 초반의 내 신념은 고객 중심으로 성장하고 은행 계좌를 너너히 채워 넣는 것이었다. 나는 집중하고 있었고, 결연했으며, 잘 해냈고, 진정성 있었다. 내가 지금 무엇을 하고 있는지, 또 내 목표에 왜 그리고 어떻게 도달하는지 잘 알고 있었다. 난 거침없었다.

그리고 18개월이 지난 후 나는 내 주위에 무슨 일들이 일어나고 있는지 눈뜨게 됐다. 나는 내 경쟁자들을 너무나 의식하고 있었고 나를 여러 방향으로 잡아당기는 외부의 목소리를 경청했다. 마주한 긍정적인 요소들에 초점을 맞추는 대신 내가 지금 하는 일의 불리한 점에만 온 힘을 쏟고 있었다. 결과는 어땠을까? 나는 시간이 멈춘 채로 그 자리에서만 맴돌고 있었다.

그렇다면 교훈은? 당신이 오직 경쟁상대가 무엇을 하고 있는지 또 그들이 당신을 어떻게 생각하고 있는지에만 신경 쓰고 있다면 당신에게는 어떠한 발전도 없을 것이다. 그 대신 자신의 목표, 네트워크 그리고 당신의 성장을 도울 수 있는 사람들과 협력하는 데 좀 더 집중한다면 좋은 결과는 뒤따르게 마련이다.

● 강력한 네트워크의 요소

앤드류 하가든Andrew Hargadon과 로버트 서튼Robert I. Sutton은 〈하버드비즈니스리뷰〉 기고문 'Building a Innovation Factory(혁신 공장 세우기)'(2000

년 5월)에서 확실하고 오래가는 효과를 내는 훌륭한 아이디어를 어떻게 알아내고 포착하는지를 설명하고 있다. 이를 연구한 회사 중 하나가 캘리포니아 팔로앨토에 세워진 세계적인 디자인 및 컨설팅회사 '아이디오IDEO'다. 아이디오에서 가장 존경받는 인물들은 이렇다.

1. 수집광 - 소소한 개인적인 물품을 많이 소장하고 있다.
2. 사서 - 누가 무엇을 하는지 알고 있다.
3. 착한 사마리아인 - 자신이 아는 것을 나누고 타인을 돕는다.

자신의 네트워크 만들기를 위와 비슷한 방식으로 접근하라. 당신에게 다음과 같은 인물이 필요하다.

1. 당신의 최대 장점을 이끌어내줄 조언 자문단
2. 당신을 장기간 버티게 해줄 지식 은행
3. 당신과 당신의 동기에 승리를 안겨줄 마케팅 기술

그렇다면 이를 좀 더 자세히 들여다보자.

1. 개인 조언 자문단

미국의 기업가이자 동기부여 연설가인 짐 론Jim Rohn은 "당신은 평균적으로 5명의 사람에게 둘러싸여 있다."고 말했다. 책에서 그는 최소 4명의 사람과 함께할 것을 권하고 있고, 이상적으로는 12명이라고 말한다.

핵심 역량을 내포한 자신만의 친밀한 네트워크를 구축하는 것은 무엇보다 중요하다. 이런 친밀한 네트워크가 당신의 모든 커리어 단계에 아이디어를 제공하고, 당신의 최대 장점을 이끌어내주는 개인 조언 자문단이라고 생각하라.

우리는 각자의 피트니스 목표에 맞춰 개인 트레이너를 고용하는가 하면, 투자를 할 때는 금융 전문가의 도움을 받고, 심지어 일과 생활의 균형을 찾고자 명상 강사를 고용하는 데 투자한다. 마찬가지로 개인 조언 자문단을 자신의 다음 커리어 단계를 위한 아이디어와 계획을 구축해주는 사운딩 보드(아이디어나 결정을 테스트해주는 사람)와 안전망으로 여기고 이에 투자하는 것과 같은 이치로 보면 된다. 당신의 자문단이 용기와 지원 그리고 영감을 가져다줄 것이다.

이제 당신이 더 많은 것을 이룰 수 있도록 고무시켜주고 도와줄 수 있는 인물들은 누구인가? 도움을 주거나 당신의 생각에 과감히 제동거는 사람은 누구인가? 당신이 테두리를 더 넓히기 전에 아이디어와 제안을 시험하는 데 도움을 주거나 아니면 혁신을 가져다줄 인물은 누구인가?

2. 개인 지식 은행

어린아이들이 돼지저금통에 동전을 넣어 저축하듯이 자신의 네트워크 구축을 개인 지식 은행을 만드는 것이라고 생각하라. 돼지저금통이 무거워질수록 나중에 중요한 것을 살 수 있을 만큼 돈이 쌓이게 된다. 올바른 능력을 지닌 적절한 사람에게 투자하면 오랫동안 두고두고 배당금을 챙길 수 있다.

지식 은행의 가치와 가치 교환의 잠재력을 인정하라. 자신의 네트워크 내의 인물과 역량 대 역량으로 '맞교환'하는 것도 제안해볼 만하다. 그래서 기존에 자신에게 없던 지식을 얻는 계기가 된다.

당신 주변 타인의 강점과 기술을 끌어안음으로써 당신의 지식 은행을 구축하라. 이런 방법이 다른 이들에게도 영향을 끼치는 더 많은 기회를 만들게 된다.

3. 개인 마케팅 기술

이 장치는 당신에 대한 확고한 믿음을 모멘텀으로 이끌어갈 수 있도록 도와주는 개인 응원단을 구성하는 것이다.

트로이 시반Troye Sivan은 남아프리카공화국 출신으로 호주에서 가수, 작곡, 배우 그리고 개인 유튜버로 활동하고 있다. 유튜브를 빠르게 습득한 그는 2007년 다른 사람의 노래를 따라 부른 영상을 올리기 시작했다. 5년 뒤 그는 자신의 개인적인 영상을 더 많이 포스팅했고, 급기야 2013년에는 자신의 온라인 팬을 위한 노래 'The Fault in Our Stars'를 발표했다. 이런 반응을 알아본 음반회사 EMI는 그에게 곡 작업을 제안했다. 이처럼 마케팅 도구가 그의 성공을 이끌어준 셈이다.

2014년 〈타임Time〉지는, 400만 구독자와 2억 400만이 넘는 비디오 뷰로 트로이를 세계에서 가장 영향력 있는 10대 25명 중의 한 명으로 꼽았다. 트로이의 주요 팬이 그의 마케팅 도구가 되어준 것이다. 또 그는 좀 더 큰 그림의 비전을 꿈꿀 수 있는 친밀하고 촘촘한 네트워크를 가지고 있었다.

마케팅 도구의 힘을 빌리지 않고서는 변화를 일으키고 교류와 영향력을 쌓는 당신의 능력은 제한된다. 네트워크를 쓸모 있고 효과적으로 이끌어가기 위해서는 자신의 주위에 무엇이 있는가를 잘 활용해야 한다.

● 집중이 성장 동력으로 이어진다

건강과 피트니스 계획이나 자기계발 목표 등은 미루고 최신 텔레비전 리얼리티쇼에 정신이 팔리는 것은 쉬운 일이다. 오늘날 우리가 계속해서 집중력을 발휘하는 것처럼 보이는 유일한 일은, 자선 이벤트의 모금액이 우리의 목표치에 도달했는지 여부를 확인하는 것뿐이라고 해도 과언이 아닐 것이다.

물론 계속해서 최고의 집중력을 발휘한다는 것은 무척이나 어렵다. 경쟁자들은 무엇인가를 하고 있고, 미디어는 무엇인가를 우리에게 보여주고, 친구들은 뭔가를 얘기하고 있는데, 우리는 그것을 경청하거나 아니면 무시하고 만다.

이럴 때가 자신의 개인 조언 자문단, 지식 은행, 마케팅 기술이 그 진가를 나타낼 때다. 그들은 당신이 품고 있는 큰 그림의 목표와 꿈을 이해하고 있다. 그들은 시험무대의 반응을 살펴주는 검증단이 되어주고, 사고의 틀을 잡아준다. 이런 네트워크는 힘든 시기를 거치는 동안에 당신이 자신의 영역에 머무를 수 있도록 도와주고, 활력을 선사하며, 당신의 열망과 믿음에 동력이 되어준다.

당신의 네트워크가 당신의 집중력이 예리하게 유지되도록 돕고 앞으로 나아가기 위한 결정에 올바른 지침을 되어줄 것이다. 미국의 사회학자 로널드 버트Ronald Burt는 이렇게 말했다. "더 좋은 안경보다는 당신의 네트워크가 더 나은 안목을 안겨줄 것이다."

자신의 안으로 초점을 맞추고, 현시점에 자신의 네트워크에 누가 있는지 전략적으로 살펴보고, 가고자 하는 목표에 누가 당신을 도와줄 수 있는가를 아는 것은 이제 당신에게 달려 있다. 이는 PART II에서 살펴볼 것이다.

● "집단의 힘"

클리어 컴플렉션즈 클리닉Clear Complexions Clinics의 설립자인 수지 호이틴크Suzie
Hoitink는 경쟁심 가득하고 스포츠에 열광하는 10대의 두 딸을 키우는 가장으로,
충성도가 높은 고객을 대상으로 하는 탄탄한 비즈니스를 시작했다. 그녀는 스킨케
어 업계에서 선구안을 지닌 리더와 전문성을 갖춘 해설가로 두각을 나타냈다.

클리어 컴플렉션즈는 주요 텔레비전 프로그램에 등장했고, 수지는 미래를 위한 확
고한 비전과 함께 자신의 브랜드가 가진 유일무이한 자리매김에 대해 확신으로 가
득 찼다. 하지만 문제가 있었다.

그녀의 비즈니스는 호주의 오직 한 개 도시, 캔버라에만 국한된 지형적인 한계를
두고 있었다. 수지의 네트워크는 개인적·직업적으로 비즈니스가 성장함에 따라
엄청난 지지를 보냈지만, 그녀가 미래의 성공에 다가가기 위해서는 자신이 안주하
고 있는 익숙함, 즉 안전지대에서 벗어나 새로운 네트워크를 찾아야만 했다.

"새로운 도시로 건너가 브랜드를 성장시켜야 하는 시기였지만, 저는 그것이 얼마
나 힘들지 과소평가했죠."라고 그녀는 회상했다. "무수한 값비싼 실수와 불확실성
을 겪고 나서야 어떤 교류를 가져야 하는지 생각해봤죠. 내가 지금 있는 곳에서 내
가 가고자 하는 곳에 이르기 위해서는 내 네트워크 테두리가 성장해야 한다는 사
실이 분명해졌습니다."

조금씩 그녀는 전략적으로 자신의 네트워크의 주도권을 다시 잡았다. 호주의 다른
곳에 있는 사람들에게 연락하고 개인적인 인맥을 넓혀가며 자신의 전문분야에 그
리 필요치 않은 기술을 가진 사람들과도 교류하기 시작했다.

그녀는 새로운 스승, 멘토 그리고 촉진자를 찾아다녔다. 자신과 함께 일하는 직원
들도 재검토, 재교육했다. 확장되고 연결된 네트워크를 품으면서 자기 자신을 익
숙함 밖으로 끌어냈다.

이렇게 새롭고 다양하고 넓어진 네트워크는 그녀의 의사결정에 이의를 제기하고,
그녀의 사고를 확장시키고, 더 크게 생각하도록 영감을 불러일으켰다. 그리고 마
침내 그녀는 보상받았다.

비즈니스는 점차 번성해 2013년에는 '텔스트라 비즈니스우먼Telstra Businesswoman
Awards'으로 선정되어 수상했다. 그녀의 비즈니스는 꾸준히 성장, 확장하고 있고,
자신의 더 큰 포부를 향해 다가가고 있다.

PART II

WHO

이제 당신은 거래적인 네트워킹과 변화 가능한 네트워킹의 차이점을 이해했다. 또 전략적이고 성공적인 네트워크를 구축하기 위해서는 반드시 변화 가능한 네트워크를 포용해야 한다는 사실 역시 인지하고 있을 것이다.

그렇다면 문제는 '어디서부터 시작할 것인가?'이다.

- 지금 당신의 네트워크가 적절한 것인지 또는 당신의 목표를 이루게끔 도와줄 수 있는 것인지 어떻게 알 수 있는가?
- 자신의 네트워크에 필요한 사람들은 누구인가?
- 성공에 걸림돌이 되는 사람은?
- 네트워크에서 빠져 있는 인물이 누구인지 어떻게 알아차릴 것인가?

PART I에서는 당신의 네트워크를 변화시켜줄 필수적인 배경, 통찰, 지식 등에 대해 대략 살펴보았다면, PART II에서는 좀 더 실질적인 내용을 접할 것이다.

현재 당신의 네트워크를 살펴보고자 몇 가지 훈련을 함께 해보고, 당신에게 필요한 것을 설명할 것이다. 이를 통해 당신이 네트워크를 구축할 때 필요한 4명의 핵심인물을 알 수 있다.

그래서 좀 더 앞으로 나아가고, 자신의 네트워크를 지휘하고, 성공적인 네트워크로 이끌어줄 12명의 주요 인물과도 만나게 된다.

당신은 양질의 대화로 시간을 보낼 사람들을 선택하게 되고, 정황을 살피는 통찰력, 의사결정 능력, 심성, 마음가짐 그리고 행동도 스스로 만들어낼 것이다.

다음은 소규모의 스마트하며 전략적인 네트워크를 이루기 위한 4가지 핵심 단계들이다.

1. 분류하기 : 어떠한 형태의 네트워크를 지금 가지고 있는가? 네트워크를 가지고 있기는 한가? 4장에서 이를 자세히 들여다볼 것이다.

2. 탐색하기 : 당신의 핵심인물 4명은 누구인가? 당신의 네트워크에 반드시 있어야 하는 주요 인물 4명은 누구인가? 이는 5장에서 다룰 것이다.

3. 찾아내기 : 당신의 작지만 스마트하고 전략적인 네트워크를 이뤄줄 12명의 인물들은 누구인가? 6장에서는 4가지 핵심사항을 좀 더 세분화해서 성공을 더욱 가속화하는 데 필요한 12명의 인물을

소개할 것이다.

4. <u>멀리하기</u> : 네트워크 안에 있어서는 안 될 사람은 누구인가? 12명
의 어둠의 세력은 누구인가? 전략적인 네트워크에 필요한 힘겨
운 사랑에 대해 7장에서 배우게 될 것이다.

자, 지금부터 당신의 네트워크에 누가 있는지 살펴보자.

Chapter 4
현재 네트워크 자세히 살펴보기

PART I에서 살펴보았듯이 당신은 이미 당신을 위해 효율적으로 작동하고 있든 아니든 몇몇 종류의 네트워크를 가지고 있다. 설령 네트워킹을 몹시 싫어하고 2장에서 소개된 바대로 네트워킹 사다리 맨 밑바닥에 위치하고 있다고 하더라도, 당신에게는 연락처, 친구 그리고 지인들이 있을 테고 그것도 아니라면 적어도 소셜미디어에 있는 몇 사람과 연결되어 있을 것이다.

막강한 조직망을 갖춘 공급원, 교류 그리고 기회들은 여기에서, 즉 자신을 둘러싸고 있는 자신 주변에서 출발한다. 근무지에서 매일같이 만나는 사람들, 주말을 이용해 보는 사람들, 모임에서 처음 대하는 이들, 또는 당신의 고객이나 외부업체 인사들 같은 사람들이 두말할 필요도 없이 당신의 현재 네트워크에 누가 있는지를 잘 나타내주는 시작점이 된다.

지금쯤 당신은 네트워크를 어떻게 이끌어갈지 그리고 네트워크를 같이 꾸려야 할 이들은 누구인지에 대해 전략적으로 접근할 때 더 많은 기회가 창출된다는 것을 이해하고 있을 것이다. 이는 당신이 기여도를 강화하고 영감을 얻는 교류를 구축함으로써 가능하다.

그러기 위해서 당신을 성장시켜줄 수 있는 재능 있고 노련하며 수준 높은 인물들을 자신의 네트워크에 포함시킬 수 있는 확장성을 지녀야 하고, 자신의 현재를 미래로 전환하고 성공을 가속화해줄 이들과 이어지도록 세상 밖으로 나와 도약해야 한다.

그런 측면에서 "꿈꾸는 사람들과 행동하는 이들, 믿는 자들 그리고 생각하는 이들이 당신 주위에 가득하도록 만들어라. 하지만 무엇보다 본인도 보지 못한 자신의 탁월함을 꿰뚫는 이들에게 둘러싸이도록 하라."고 말한 에드먼드 리Edmund Lee의 말은 정말 일리가 있다.

자신에게 아래와 같은 질문들을 해보라.

- 어디서부터 시작해야 하는가?
- 내 네트워크에 어떠한 부류의 사람들이 필요한가?
- 이미 내 네트워크에 이런 사람들이 있다면 어떻게 알 수 있나?
- 그렇지 않다면 그들을 어떻게 찾을 것인가?

그럼 위의 질문들을 하나씩 살펴보자.

● 기본으로 돌아가기

거래적인 네트워크에서 전략적이고 변화 가능한 네트워크로 발전하기 위해서는 현재 자신의 네트워크에 누가 있는지를 먼저 간파해야 한다. 그러자면 몇 가지 분류작업이 필요하다.

이 분류작업은 다음과 같은 사항들을 쉽게 할 수 있도록 돕는다.

- 현 시점에 자신의 네트워크 속에 있는 인물 확인
- 자신 네트워크의 진정한 다양성과 통합성 파악
- 발생할 수 있는 어떠한 격차, 즉 갭gap 부각

이를 마치 최상위 선별 작업이라 생각해보라. 현재 자신의 네트워크 상태를 가장 낮은 점수인 0점이라고 두고, 이 네트워크가 자신에게 어떤 역할을 하고 있는지 이해하고 자신이 세운 목표나 포부를 네트워크에 속한 사람들이 어떤 방식으로 도움을 주는지 아니면 걸림돌이 되는지를 파악해야 한다. 단지 한 번만이라도 이런 방식을 통해 자신의 현 네트워크를 재정비해봄으로써 다음 단계로, 즉 자신의 네트워크에 빠져 있는 꼭 필요한 인물들을 찾을 수 있게 된다.

분류 단계에는 두 과정이 있다.

1. 파악하기
2. 평가하기

그럼 각각의 이 두 과정을 자세히 알아보자.

● STEP 1 : 파악하기

먼저 당신의 네트워크에 누가 있는가?

아마도 당신은 이 간단한 질문에 대답하기 난감해서 적잖이 놀랄지도 모른다! 이는 당신이 알고 있는 지인들의 수를 헤아려보거나 가지고 있는 연락처 또는 직장에서 알고 지내는 사람들만큼이나 많은 페이스북 친구 맺기 숫자를 말하는 것이 아니다. 이제 알게 되겠지만, 당신이 그냥 알고 지내는 사람들과 당신의 인생과 커리어에 가치를 더해주어 현재 당신의 핵심 네트워크에 반드시 속해야 할 사람들 사이에는 큰 차이점이 있다.

자신의 네트워크를 평가할 때 당신이 격려, 정보, 조언, 영감을 얻을 만한 인물 또는 자신이 생각하기에 자문단 같은 역할을 해주는 사람들을 상기해보라. 이는 당신의 파트너, 동료, 친구, 가족 또는 전·현직 상사 등도 포함될 수 있다.

네트워크를 생각해볼 때 자신이 어떻게 교류하고 연결되어 있고 또 정보와 도움들이 어떻게 서로 교환되고 있는지 살펴보라.

변화하거나 발전하기 전에 먼저 자신의 현재 네트워크를 이해해야 한다. 당신의 네트워크 속 인물들은 누구인가?

당신의 상황은 어떤가?

- 인생과 커리어에 없어서는 안 될 사람 10명에서 15명 정도의 명단을 작성해보라.

- 84페이지의 〔도표 4.1〕에 있는 분류표를 작성해보라. (janinegarner. com.au/resources에서 다운로드할 수 있다.)

10명도 채 생각해내지 못해 힘겨워하고 있나? 그렇다면 당신은 똑바로 하고 있다. 이 작업은 생각하는 것만큼 쉽지 않다. 아마 당신은 얼마나 많은 사람을 알고 있나를 살펴보는 것에서부터 시작했을 테지만 정작 극소수의 사람들만이 당신의 네트워크에 진짜 가치를 더해준다는 것 또한 알아냈을 것이다.

● STEP 2 : 평가하기

이제 자신의 네트워크가 실제로 얼마만큼의 다양성을 지니는지 알아보기 위해서 좀 더 깊숙이 파고 들어가보도록 하자. 아래의 세 가지 질문을 살펴보라.

1. 자신의 네트워크에서 성별 구성은 어떠한가?

[도표 4.1] 분류표

네트워크 파악하기   네트워크 평가하기

이름	성별		알게 된 계기	거주지
	남성	여성		
1.	◯	◯		
2.	◯	◯		
3.	◯	◯		
4.	◯	◯		
5.	◯	◯		
6.	◯	◯		
7.	◯	◯		
8.	◯	◯		
9.	◯	◯		
10.	◯	◯		
11.	◯	◯		
12.	◯	◯		
13.	◯	◯		
14.	◯	◯		
15.	◯	◯		

2. 네트워크에 있는 개인들 간의 가장 두드러지는 공통점은 무엇인가?

3. 그들의 거주지는 어디인가?

이 질문들에 대해 자세히 알아보자.

1. 당신 네트워크의 성별 구성은 어떠한가?

작성한 분류표에서 남성과 여성의 숫자가 적절히 균형을 이루고 있는가 아니면 어느 한쪽으로만 치우쳐져 있는가? 양쪽 성별이 골고루 분포돼 있는가?

이런 훈련을 할 때 참가자들은 자신의 네트워크에 모두 다 남자 아니면 여자라는 사실을 깨닫게 되어 놀라곤 한다. 아쉽게도 나는 성비가 균형 잡힌 직장과 리더십 팀이 긍정적인 비즈니스 성과와 직원 결속도에 상관관계가 있다는 연구들을 간과했었다. 당신의 네트워크 내에서도 비슷한 양상을 보일 것이다.

조지워싱턴대학교의 사회학과 교수인 리사 토레스Lisa Torres와 얼바인에 위치한 캘리포니아대학교 사회학 연구원인 매트 허프먼Matt L. Huffman은 인구통계 자료를 바탕으로 한 무리의 남녀를 선별해 그들의 성별 네트워크의 패턴을 알아보는 연구를 했다. 2002년 '전문직, 기술직 그리고 관리직의 남녀 사이에 사회 관계망과 직업 찾기의 결과' 조사에서 그들은 유유상종이라는 말이 사실이라는 것을 확인했다.

남녀 모두 자신과 같은 성을 중심으로 하는 네트워크를 형성하는 경향을 보였다. 이는 세계 전반에 걸쳐 왜 남성들이 조직에서 지속적으로 상위 직급을 차지하는지에 대한 해답을 준다. 커리어나 구직의 기회가 있을 때 우리는 이를 자연스레 우리의 네트워크 안에서 먼저 공유하려고 하는데, 이런 일은 주로 남성 동료 중심의 네트워크에서 빈번히 일어난다. 여성들은 대개 남성으로만 구성된 네트워크에서 정보가 공유된 후에야 이런 정보들을 접하는 기회를 갖는다.

시카고 일리노이대학교 사회학과 명예교수 윌리엄 비엘비William T. Bielby의 설명을 보자.

> "전반적으로 여성들이 더 잘 교류하는 모습을 띠지만 대다수 여성은 여성 지배적인 직업에 종사하는 경향을 보이고 있다. 그래서 그들의 네트워크는 폭이 넓기는 하지만, 특히 비즈니스 상 좀더 전문적인 뉴스를 얻는 데 있어 높은 직급의 사람들과 잘 교류하는 경향이 있는 남성들에 비해 그들만큼 높은 직급에 오르지 못한다."

그러므로 잘 교류하는 것만으로는 부족하다. 변화를 위한 파급효과를 만들기 위해서는 다양한 네트워크 구축이 필요하다. 넓은 범위의 차별화된 생각과 아이디어는 경쟁력 있는 이익을 만들어낸다. 이는 다른 의견, 아이디어 그리고 생각에서부터 나오는데 이것들이 바로 기회를 만들어낸다.

당신의 상황은 어떤가?

- 분류표에서 인물 각각의 성별을 표시해보라.
- 자신의 네트워크에서 여성은 몇 명인가? 남성은?
- 균형이나 다양성 부족이 확연한가?

2. 당신의 네트워크에 어떤 유사점이 있는가?

당신의 네트워크 리스트에 얼마나 많은 사람이 같은 회사, 지역, 스포츠 동호회, 학교, 교회, 엄마 모임 또는 다른 모임 등에 포진되어 있나? 또 친구나 친지들은 얼마나 되는가? 같이 일하는 이들은 몇 명이며, 혹시 같은 부서 동료인가? 같은 직급의 사람은 몇 명인가?

매일 보는 사이이거나 많은 시간을 같이 보내고 자주 연락을 주고받는 이들과 어울리는 것은 당연하다. 그래서 이들을 분류작업에서 맨 먼저 머릿속에 떠올린 것이다. 우리는 자신과 같은 지식, 배경 또는 업무 관심사를 가진 이들과 교감하는 것을 편하게 여긴다. 자신의 무리를 '동일성'이라는 테두리로 둘러 자신의 안전지대에 안주하려는 것이다.

우리가 새로운 직장에서나 직무를 처음 시작할 때 대개는 부서 내 동료들이나 비슷한 직급의 사람들과 어울린다. 한 직장에 오래 머물다 보면 자연스레 자신의 네트워크가 승진이나 재신임 등을 통해 확장되는 기회가 생긴다. 때로는 다른 기업체나 부서와 협업을 해야 하는 역할이 주어지기도 하고, 해외에 있거나 다른 지역 사람들과도 같이 작업해야 하는 가상의 팀이 만들어지기도 한다.

당신의 전문분야 외에 아는 사람들은 과연 몇이나 되는가? 실제로 당신의 인맥이 당신이 사일로^{silo}(외부와 소통하지 않고 혼자서 일하는 부서)에서 일하고 있다고 말해주지 않는가?

당신의 상황은 어떤가?

- 작성된 리스트에 있는 사람들을 어떻게 알게 되었나?
- 만난 장소나 각각의 인물과의 관계를 한 단어로 정리해서 분류표에 덧붙여라.
- 어떤 동일성이나 유사성의 패턴이 눈이 들어오는가?
- 리스트에 얼마나 많은 수의 사람들이 같은 조직이나 모임에 속해 있는가?

---

3. 그들은 어디에 살고 있나?

같은 업종에 종사하지만 다른 지역에 살고 있거나 차별화된 전문성을 가진 사람들을 아는 것은 당신 네트워크의 다양성을 증대시켜준다. 지정학적으로 다른 장소의 사람들과 연락을 주고받는 것 역시 마찬가지다. 리스트에 있는 사람들의 거주지를 생각해보라. 그들이 같은 도시, 주 또는 국가에 살고 있나? 자신의 네트워크에 해외에 거주하는 사람이 있나?

거리상으로 가깝지 못하지만 고마운 첨단기술로 인해 그 어느 때보다도 더 밀접하게 교류하고 있으며 위치에 상관없이 더 많은 소통의 기회를 누리고 있다. 그러므로 자신의 네트워크를 굳이 장소에 국한해서만 제한할 필요가 없으며, 설령 다른 도시나 국가 심지어 다른 대륙이라 할지라도 그런 기회가 있다면 끌어안아야 한다.

당신의 조직은 세계 각국에 사업장들을 가지고 있을 것이다. 때로 출장을 가거나 휴가를 떠나는 것처럼 이런 여행들이 다른 장소에 사는 사람들을 만나고 그들과 교류하는 값진 기회를 만들어주기도 한다. 예를 들어 여행 기간 동안 공항이나 현지 카페 등에서 만난 사람들과 명함을 주고받은 사례가 몇 번이나 있는가?

<u>그래서 당신의 네트워크 현실이 당신이 사는 다양한 세상의 현실을 잘 반영해주고 있는가?</u>

당신의 상황은 어떤가?

- 당신의 관계망이 어디에 위치하는지 분류표에 적어보라.
- 무엇을 알아차렸나?
- 그들이 같은 도시, 주 또는 나라에 거주하고 있는가?
- 이와 같은 사실이 당신이 알고 있는 각각의 다른 사람들이 세상의 다른 부분에 있다는 것을 정확하게 반영하는가?

분류작업을 통해 무엇을 알아냈는가? 당신의 네트워크에는 주로 남성들만 있다는 사실? 또는 여성들로만? 아니면 당신의 네트워크는 대부분 친구나 가족 혹은 동료들만으로 구성되어 있나? 네트워크 안에 개인들은 직장 동료이거나 고객들이 대부분인가? 그들은 당신과 같은 지역에 살고 있나 아니면 다른 도시에 거주하고 있나?

네트워크를 바로 잡는 것이 곧 시작이다. 그리고 당신이 지금 정확히 그 일을 해냈다. 이제 시작이다!

앞서 배워왔듯이 강력하고 전략적인 네트워크는 하나의 핵심 원리, 즉 다양성에 달려 있다. 다양한 네트워크는 성별, 나이, 경험, 문화, 직종, 조직 그리고 지정학적인 위치마저 품는다.

당신이 파티를 열고 있다고 상상해보라. 리스트의 모든 사람을 초대했다면 얼마나 많은 사람이 서로를 알고 있으며 예전에 만났거나 들어본 적이 있을까? 그들이 서로를 알고 있을수록 그 네트워크는 더 가깝고 단단할 것이다. 반면 파티에 온 사람들이 서로를 잘 알지 못한다면 좀 더 개방적이면서 다양한 형태가 될 것이다.

● 당신은 개방적인가, 폐쇄적인가?

이런 훈련을 처음 접하는 사람들과 마찬가지로 당신 역시 매우 폐쇄적인 네트워크를 가지고 있다는 것을 알게 된다. 이는 당신이 당신과 매우 비슷한 사람들 사이에 둘러싸여 있다는 것을 의미한다. 대부분의 사람들이 당신과 같이 행동하고 생각도 비슷하며 가치관도 유사하고, 아마도 그들은 같은 직업을 가지고 있거나 적어도 같은 직급이거나 인생에서 비슷한 시기를 겪고 있을 것이다.

이런 무리의 집단에서는 절대적인 신뢰와 충성심이 작동하고 있고, 자연스레 상호 가치 교환도 이루어지는 환경이 조성된다. 하지만 같은 생각과 의견을 가진 사람들에게만 둘러싸여 있다 보면, 이런 행동들을 보편적이라 받아들이고 일탈적인 것들을 배제하게 된다. 자신이 인생에 어디쯤 와 있고 다음 단계로 가기 위해 어떻게 해야 할지 질문하지 않는다면, 더이상 스스로 채찍질하며 노력하지 않고 단지 현상 유지만 하고 싶게 된다. 매번 같은 일을 하고 같은 음식점에 가고 똑같은 대화만 이어가고 같은 직장에만 머물 것이다. 말하자면 몸소 눈가리개를 덮어쓰는 꼴이다.

《의도적 눈감기Wilful Blindness》의 저자 마가렛 헤퍼넌Margaret Heffernan은 책에서, 인간이 어떻게 자연스럽게 비슷한 생각을 하는 사람들과 연결되는지에 대해 논했다. 문제점은 우리가 우리를 둘러싼 사회적인 기준과 행동에 강하게 영향받고 있다는 데 있는데, 특히 우리의 뇌는 세상의 관점과 동떨어져 있는 사실들은 편집해버리기도 한다. "우리가 알 수 있거나 알아야 하는 정보들이 있지만, 그렇게 하지 않고 기꺼이 눈을 감고 외면한다. 왜냐하면 그렇게 하는 편이 훨씬 더 마음 편하기 때문이다."라고 그녀는 설명한다. 이것이 왜 연락처만으로 이루어진 폐쇄적인 네트워크가 네트워킹에 편협한 접근방식이 되고 기회, 선택사항이나 아이디어에 제약을 가하는지 설명해주고 있다.

종국에 이런 태도는 사회 심리학자 어빙 재니스Irving Janis가 1972년에 명명한 '집단사고groupthink'로 이어진다. 이런 경향은 정치 집단이나 스포츠팀에서부터 학교, 언론까지 어느 곳에서나 관찰된다.

같은 무리 안에서 비슷한 사람들과 붙어 있다는 것은 안전하면서도 따분하다. 당신은. 각양각색의 그룹이란 각자 다르지만 상반되는 수많은 의견과 씨름하면서도 뜻밖의 결과가 생길 수 있다는 것을 예상하고 있을 것이다.

좀 더 개방적이고 다양성을 갖춘 네트워크란, 네트워크 내의 개개인이 서로를 알지 못하거나 각자 다른 가치관과 신념을 가지고 있다는 것을 의미한다. 이런 더 확장된 다양성이 깊고 광범위한 영향력을 가져다준다.

개방적인 네트워크는 틀에 박힌 생각에서 빠져나올 수 있는 다른 방법들을 허용함으로써 의견과 통찰의 다양성을 북돋는다.

그런데 또 당신의 네트워크가 너무 개방적이면 그것을 관리하기란 쉽지 않다. 모든 이와 연락을 취하고 레벨이 다른 상태에서 대화를 지속해가는 것 역시 고된 일이다. 만나는 사람에 따라 다른 주제를 가지고 있어야 해서, 함께 있는 사람에 맞춰 시시각각 변해야 하는 카멜레온 같은 기분마저 들기도 한다. 그러다 보니 대화의 연속성, 공유하는 의견이나 통찰도 없게 된다. 결국 당신은 이 대화 저 대화 옮겨다니기만 할 뿐, 진전되는 것은 아무것도 없다. 극단적인 예로 수백만 명의 사람들이 굉장히 피상적인 온라인 연결로만 유지되는 소셜미디어는 개방적인 네트워크의 최적의 사례라 할 수 있다.

● 해답은 균형이다

일과 가정을 완전히 분리해서 각각 별개로 두고 이를 '일과 인생의 밸런스'라고 믿는 것도 네트워크의 균형을 깨는 일이다. 이것은 우리가 소위 말하는 9시부터 5시까지 일하는 세상, 일과의 마지막은 가정으로 돌아가 하루를 마감하는 세계에 살고 있을 때는 가능했지만 첨단 기술이 우리의 생활에 침투하면서부터는 모든 것이 엄청나게 바뀌었다.

자기가 원하면 온라인상에서 자기 생활의 모든 것을 보여주는 우리는 연중무휴로 연락 가능하다. 어디서 언제 그리고 어떻게 일하는가는 계속해서 진화하고 있다. 일과 가정과의 경계는 점점 더 유동적으로 되어가고 있고, 굳이 일과 가정을 분리하려는 노력은 소모적이고 무익하다. 이제는 하나로 모아야 할 때로, 우리의 네트워크를 집약해서 진정한 다양성을 갖추도록 해야 한다.

가장 이상적인 형태는 균형 잡히고 집약적인 네트워크로, 규모는 작지만 다양한 그룹들로 연결되어 있고 또한 아래와 같은 특성을 갖추고 있다.

- 범 계층적이고
- 범 기능적이며
- 범 조직적인

균형 잡히고 상호 연결된 네트워크는, 배움의 다양성을 가능하게 하고, 의사결정의 편견을 줄여주며, 개인의 성장과 기회를 증가시킨다.

사업가이자 회계사인 멜리사 브라운Melissa Browne은 이를 완벽하게 증명해냈다. 그녀는 네트워크의 다양성에 관한 인터뷰에서 이렇게 말했다.

"처음 회계법인을 시작했을 때 저는 성공한 타 법인을 모방했죠. 그 방법이 회사를 성공적으로 운영하는 방식이라 여겼습니다. 하지만 곧 그 방법이 얼마나 성장과 자금 흐름에 저해가 되고 고객을 끌어들이는 기회를 가로막는지를 깨달았습니다. 왜냐하면 고객에게 남들과 다른 어떤 것도 제공할 수 없었기 때문이죠.

그래서 저는 밖으로 눈을 돌려 다른 흥미로운 기업가들, 이를테면 피트니스 강사, 스타일리스트, 군교관, 패션 브랜드, 프랜차이즈 등 많은 이들이 어떻게 하고 있는지 관찰해보기로 했습니다.

저는 만약 누군가와 똑같은 복제품이 되고 싶다면 자신 안을 살펴봐야 하지만, 혁신하고 싶다면 바깥세상으로 눈을 돌려야 한다고 믿었습니다. 다른 사업가들과는 달리 다양한 단체와 조직에 가입했습니다. 스스로 불편한 위치에 놓이게 만듦으로써 내가 가진 무의식적인 편견과 계속해서 싸워나갈 수 있게 말이죠."

● 안쪽, 바깥쪽 그리고 위쪽

자신의 목표와 포부를 잘 아는 것과 그것을 이루는 것은 별개의 문제다. 지금 방금 당신이 끝낸 이 과정은 더 나은 성공으로 데려다주는 여정의 시작에 불과하다.

안을 들여다봄으로써 바깥으로 눈을 돌리는 계기가 되고 나중에는 위로 옮겨갈 수 있다. 어떤 이들은 이를 아이디어 직면하기라고 하고, 또 다른 이는 "온통 마음을 빼앗겼다."라고 말한다.

이는 차려만 놓고 나 몰라라 하는 식의 단발성 과정이 아니라는 것을 명심하라. 당신의 인생과 커리어 목표 그리고 주변의 사람들은 당신의 인생과 일이 어디에 위치해 있는가를 바탕으로 끊임없이 변화하고 있으므로 당신의 네트워크 역시 계속해서 발전해 나가야 한다.

그런 이유로 거쳐 온 과정과 다음 장의 내용을 잘 이해하기 위해서는 이 책에 나와 있는 웹사이트 자료들을 수시로 찾아보고 참고해야 한다. 나는 당신이 이 책을 다 읽고 난 후에도 자신의 네트워크에 접근하는 방식을 다시 살펴보고 고찰하기를 권한다.

자신이 속한 네트워크에 대한 분류작업을 끝냈다면 이제는 당신의 목표를 이루게 해줄 만한 인물들과 잘 연결되어 있는지에 주안점을 두어야 할 시점이다.

당신의 성공을 앞당겨줄 네트워크, 즉 자신만의 핵심인물 4명의 연계조직과 궁극적으로 12명의 주요 인물을 구축할 때이다.

5장과 6장을 읽어가면서 앞서 자신에게 물어온 질문, 자신의 네트워크에 누가 있고 누가 빠져 있는가를 알려주는 네트워크 리스트로 계속해서 회귀할 것이다. 따라서 이 작업을 정확하게 그리고 전략적으로 진행해야 하는데, 먼저 네트워크의 가장 중요한 심장부가 될 네트워크의 연계조직이 되는 핵심인물 4명을 만나야 한다. 이것을 우리가 다음 장에서 살펴볼 것이다.

Chapter 5
나만의 핵심인물 4명(Core 4) 찾기

4는 마법의 숫자다.

우주가 네 가지 필수요소(불, 물, 공기, 땅)로 이루어진 것과 마찬가지로 비즈니스에서도 네 가지 중요 역할이 있다.

> 1. 최고 경영 책임자(CEO) - 비전과 전략 = 불
>
> 2. 최고 실무 책임자(COO) - 자료와 운영 = 물
>
> 3. 최고 정보 책임자(CIO) - 새로운 사고 = 공기
>
> 4. 최고 재무 책임자(CFO) - 성과와 결과 = 땅

스포츠에서 성공을 거두는 모든 팀은 소유주, 매니저, 코치, 주장 등 4개의 핵심 역할이 어우러지면서 팀의 비전, 재능, 아이디어 그리고 행동을 굳건히 다진다. '기업형 선수 만들기'(《하버드비즈니스리뷰》,

2001년 1월)에서 짐 로어Jim Loehr와 토니 슈워츠Tony Schwartz는, 개인의 재능과 기술은 네 가지 핵심 영역인 체력, 감정, 정신력 그리고 영성의 균형을 통해 이루어진다고 주장했다.

많은 텔레비전 쇼 역시 네 가지의 특성으로 그려지기도 한다. 〈엔투라지Entourage〉에 등장했던 빈스, 드라마, 에릭 그리고 터틀을 생각해 보라. 또 〈섹스 앤 더 시티Sex and the City〉에 나오는 네 명의 주연 배우의 성격 역시 네 가지로 나뉜다.

1. 사만다 – 반항아, 사랑꾼, 열정가 (불)

2. 샬롯 – 낭만주의자, 돌봄이, 양육자 (물)

3. 캐리 – 몽상가, 작가, 사색가 (공기)

4. 미란다 – 사감선생, 쟁취자, 현실주의자 (땅)

마법 학교 호그와트에서 벌어지는 모험과 연대기를 다룬, 조앤 롤링J.K. Rowling이 쓴 작품 《해리 포터 시리즈Harry Porter series》에서도 네 개의 기숙사가 등장한다.

1. 그리핀도르 – 모험심 있고, 용맹한, 용감하고, 단호한 (불)

2. 후플푸프 – 근면한, 헌신적인, 인내심 있고, 후원하는 (물)

3. 래번클로 – 지적인, 현명한, 호기심 많고, 집중하는 (공기)

4. 슬리데린 – 야심 있고, 결과 중심적이고, 교활한 (땅)

대개 마음은 정보의 네 가지 다른 측면을 동시에 생각하는데, 그 이상이 되면 혼란스러움이 자리 잡게 된다고 한다.

책이나 텔레비전 쇼에서부터 회의실까지 모두 네 가지로 통한다. 당연히 네트워킹에서도 마찬가지다. 전략적이고 스마트한 네트워크 (자신만의 연계조직)를 구축하는 데에는 일차적으로 'Core 4, 즉 핵심 인물 4명'을 조직해야 한다. 이것이 다음 장에 만나게 될 12명의 주요 인물을 구성하기 전 당신의 시작점이 될 것이다.

<u>4는 균형, 다양성, 전심전력 그리고 성공을 의미한다. 또 4는 마법의 숫자로 성공적인 네트워크의 시작점이기도 하다.</u>

● 나의 Core 4 – 내 네트워크의 시작점

누가 당신의 Core 4인가? 네트워크를 구축함에 있어 이 네 가지 성격 유형이 당신의 시작점이 될 것이다. 다음 장에서 당신에게 반드시 필요한 12명의 주요 인물을 살펴볼 때, 이 네 가지의 성격 유형들을 좀 더 확장시킬 것이다. (유형들은 심리학자 칼 융$^{Carl\ Jung}$의 성격 형태에 대략적인 바탕을 두고 있다.)

전략적인 네트워크를 시작하기 위해서 Core 4([그림 5.1]에서 보듯이)는 아래와 같이 구성되어야 한다.

1. 촉진자^{Promoter} – 잠재적인 가능성을 적극적으로 어필하고 당신이 큰 꿈(당신의 불)을 가지도록 북돋는다.
2. 정비담당자$^{Pit\ Crew}$ – 당신을 바르게 이끌어주고 보살피며 당신을

짓누르는 불편한 감정들을 막아준다. (당신의 물)

3. 선생님Teacher – 지식, 지혜 그리고 혜안을 기르도록 돕는다. (당신 의 공기)

4. 버트 키커Butt-kicker* – 성공으로 가는 당신의 여정을 가속화하고, 당신을 좀 더 밀어붙이고 책임감을 지운다. (당신의 땅)

(*Butt-kicker는 보통 눈에 띄는 것, 인상적인 것을 뜻하는 표현이며, 피 트니스 용어로는 '엉덩이뒷차기'를 의미한다. _ 옮긴이 주)

[그림 5.1] : 연계조직 – 당신의 Core 4

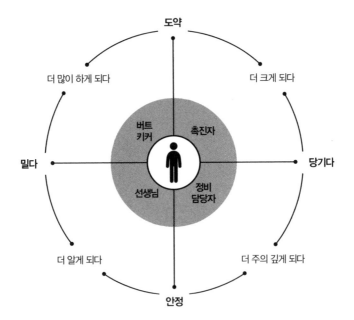

전략적인 네트워크를 구성하기에 앞서 자신 연계조직의 4개의 각 칸에 부합되는 한 사람씩을 두는 것을 목표로 한다. 이러한 작업이 당신에게 어떠한 성공도 가능하게 해줄 만큼 네트워크의 균형과 다양성을 보장해줄 것이다.

앞에서 소개한 보기들을 다시 들여다보고, 그들을 [도표 5.2]와 같이 각 칸에 대입해보자.

그렇다면 당신의 현재 네트워크에 속한 개별 인물들은 이 네 개의 Core 4 중 어디에 자리 잡고 있는가? 그리고 누가 빠져 있는가? 이 문제를 해결하기 위해서 Core 4의 특성을 자세히 들여다보자.

[도표 5.2] : Core 4의 보기

네트워크	비즈니스	스포츠	섹스 앤 더 시티	해리포터
촉진자 (더 크게 되다)	최고 경영 책임자	구단주	사만다	그리핀도르
정비담당자 (더 참여하다)	최고 실무 책임자	주장	샬롯	후플푸프
선생님 (더 알게 되다)	최고 정보 책임자	매니저	캐리	래번클로
버트 키커 (더 많이 하게 되다)	최고 재무 책임자	감독	미란다	슬리데린

1. 촉진자

"정신은 연료가 필요한 선박이 아니라 발화가 필요한 장작과 같다."
– 플루타르크Plutarch –

촉진자(혹은 지지자)는 당신을 옹호해주는 이들이다. 그들은 당신과 함께하며 역경 속에서도 당신의 곁을 지키고, 당신에게서 절대 희망을 놓지 않고 언제나 당신과 함께 큰 꿈을 꾼다. 이런 촉진자들은 당신을 미래의 꿈으로 밀어붙이고, 가능성 있는 기회들에 기꺼이 잔소리를 하며, 당신이 어떻게 자신의 목표에 다다를지 고민하고 함께 시간을 보냄으로써 당신이 더 크게 되는 데 영감을 불어넣는다.

그들은 당신이 성공하도록 부추기고 자신을 믿게 만든다. 그들은 좌우명으로 이렇게 외친다. "자! 불가능을 가능으로 바꿔봅시다.…… 당신은 할 수 있잖아요. 내가 알아요."

촉진자는 늘 긍정적이다. 그들은 힘든 시기에도 당신에게 힘을 북돋아주고 잘된 일엔 아낌없는 축하를 보낸다. 당신에 대해 열변을 토하고 당신을 위한 교류를 만들어주고 기회들에 문을 열어준다. 그들은 당신 자신보다 혹은 스스로 가능할까 의심했던 것보다 훨씬 더 크게 생각하도록 당신의 사고를 확장시켜준다.

단도직입적으로 촉진자들은 당신을 믿어주며 당신이 성공하는 모습을 보고 싶어 하고, 그래서 세상에 당신의 얘기를 전하려 한다.

당신의 촉진자는 어디서든 당신을 격찬한다. "이봐, 잭한테 얘기해 봤어? 그라면 이 문제를 잘 해결할 거야. 내 생각엔 잭을 이 계획에 참여시키는 게 좋겠네. 자네에게 잭을 소개하지. 그가 이 분야엔 최고 전문가지." 설령 대화 내용이 그리 긍정적이지 않더라도 당신의 촉진자는 이렇게 얘기한다. "글쎄, 잭에 대해 그리 평가하는 것에는 동의하지 못하겠네. 내가 그와 같이 일할 때면 그는 적극적이고 늘 전심전력을 다하지. 그가 우리 팀으로 오겠다면 언제나 대환영일세."

그리고 이런 주장에는 근거가 있다. '재능 혁신 센터Center for Talent Innovation(맨해튼에 기반을 둔 정책 연구소)'에서 실시한 연구에 의하면, 촉진자(혹은 지지자)를 둔 사람들이 촉진자가 없는 이들보다 23퍼센트 많이 승진했고, 2011년 〈하버드비즈니스리뷰〉에 실린 '일과 생활을 위한 정책 센터Center for Work-Life Policy'의 연구에 의하면, 지지자에 의한 적극적인 홍보가 승진, 월급 상승 그리고 기획 참여 기회를 30퍼센트나 증가시킨다고 한다.

당신의 촉진자는 당신을 늘 염두에 두고 있다. 당신을 부서회의나 이벤트 그리고 회사 행사에 초대한다. 자신의 네트워크에 있는 사람들에게 당신을 소개하고 그들과 연결해 친해지도록 돕는다.

나는 촉진자들이 내 곁에 있다는 사실을 한 번도 의심해본 적이 없다. 이 사실이 나는 늘 고맙다. 여태껏 내가 이뤄 놓은 모든 것들에 그들은 매우 중요한 역할을 해왔고, 앞으로도 계속해서 나의 곁에서 응원을 해주며 내가 더 많은 것을 할 수 있도록, 더 크게 될 수 있도록, 인생에서 더 많은 것을 누릴 수 있도록 격려해줄 것이다.

당신의 네트워크에 촉진자를 갖는다는 것은, 당신 자신과 당신의 커리어 그리고 비즈니스의 힘을 완전히 변화시킨다는 의미다. 모두에게 촉진자가 필요한데 문제는 당신에게 그런 인물은 누구인가 하는 것이다.

당신의 상황은 어떤가?

- 4장에서 생각해낸 당신 네트워크 안의 각각의 인물을 촉진자 체크리스트와 비교해보라.
- 그런 사실이 당신에게 말해주는 것은 무엇인가?
- 지금 당신의 네트워크에 촉진자가 될 만한 인물이 있는가? 아니면 다급히 그런 인물이 필요한가?

당신의 촉진자

체크리스트

☐ 항상 당신을 응원한다.

☐ 기회를 만든다.

☐ 당신이 더 크게 성장하도록 북돋는다.

☐ 성공으로 가는 다른 경로를 탐구하도록 돕는다.

☐ 당신이 비즈니스와 커리어를 스스로 개척할 수 있게끔 격려한다.

☐ 멀리 내다본다.

☐ 당신이 꿈, 포부 그리고 목표를 이룰 수 있도록 돕는다.

☐ 당신의 활동이나 의사결정에 영향을 준다.

☐ 당신이 닮고 싶은 행동을 한다.

☐ "당신을 위해 ~~~~한 기회를 마련했네." 라고 말한다.

체크포인트

☐ 그렇다. 나에게는 촉진자가 있다.

4장에서 언급했던 인물의 이름을 적어보라 : _____

☐ 그렇지 않다. 나는 촉진자가 필요하다.

이 역할에 적합한 인물을 누가 알고 있을 것 같은가? _____

2. 정비담당자

당신의 정비담당자는 당신이 현실을 직시하고 일이 올바르게 진행되도록 해준다. 당신을 물심양면 보살필 뿐만 아니라 당신이 괜찮은지 늘 확인하고 감정에 휩싸이지 않도록 해준다. 그들은 당신 미래의 꿈이 현재 상황과 동떨어지지 않게 연결하는 역할도 한다.

성공의 사다리를 오르는 일은 외로운 고역이기도 하다. 당신이 이제 막 사업을 시작했든, 사무실에서 쉬지 않고 일하든, 자신 소유의 기업을 세우는 것을 추구하든 상관없이, 이 여정은 근성, 결단력, 인내를 요구한다. 우리 모두는 인생에서 좌절과 실망을 경험하고 자신의 두려움과 대면하는가 하면, 어려운 결정을 내리고, 과거의 실패를 곱씹어서 현실을 재조명해 우리의 안전지대 밖에 놓인 기회들에 집중한다. 이러한 난관을 헤쳐나갈 수 있도록 도와주고 강한 정신력과 균형감을 길러주는 인재를 곁에 둔다는 것은, 단순히 중요함을 넘어 필수적이다.

작가 찰스 플럼으로 유명해진 해군 대령 조셉 찰스 플럼 주니어 Joseph Charles Plumb, Jr.는 전직 미 해군 전투기 조종사로 베트남전의 전쟁 포로였다. 그는 베트남전에서 74번의 성공적인 전투 작전을 수행했고, 75번째 출격에서 그가 몰던 비행기가 폭격을 맞았다. 그는 화염에 휩싸인 비행기에서 탈출해 낙하산으로 땅에 착륙했다. 그는 적군에게 생포 당해 장장 2103일 동안 포로로 갇혀 있었다. 훗날 그는 캔자스에 있는 식당에서 낯선 이가 자신을 알아봤던 일화를 소개했다.

"플럼 대령님이시군요."

나는 그를 올려다보며 이렇게 얘기했다.

"네, 그렇소. 내가 플럼 대령이요."

낯선 이는 계속 이어갔다.

"대령님은 베트남에서 전투기를 몰았죠. 비행기는 키티 호크라는 전투기였습니다. 그리고는 비행기가 폭격을 당해 낙하산으로 적군 기지에 착륙하셨고, 그곳에서 전쟁 포로로 6년이나 계셨고요."

"그런데 당신은 그 사실을 어떻게 알고 계시나요?" 나는 되물었다.

그가 대답했다. "왜냐하면 제가 그 낙하산을 만들었거든요."[3]

당신의 뒤에 누가 있나? 위의 일화 속에 등장하는 낙하산을 만들어 줄 만한 이는 누구이며, 당신의 인생과 일에서 플럼 대령처럼 중요한 시기에 뛰어내려야 할 결정을 내렸을 때 뒤를 봐줄 수 있는 사람은 누구인가?

그들은 세간의 관심을 당신과 나누지 않을지는 몰라도 완전무장한

---

3 Forbes.com 등 많은 자료에서 언급됨, (2012년 7월 8일자)

채로 당신 곁을 지킨다. 그들은 좀 더 일하는 것에 개의치 않고 당신을 정신적으로 육체적으로 심적으로 보살핀다. 당신을 염려하기 때문이다. 그들은 당신의 꿈, 목표, 포부를 이해하고 있고, 당신이 성장하도록 격려하면서도 당신이 현재 어느 위치에 있는지 현실에서 무엇에 집중하고 이뤄야 할지를 염두에 두고 파악하고 있다.

포뮬라 원 자동차경기를 떠올려보라. 당신의 정비 스태프들이 경기를 이기게도 지게도 한다. 당신의 원기를 충전하고 거칠어진 차 외관을 매끈하게 닦고 성공과 생존을 위해 당신을 경기에 안성맞춤인 상태로 만들어준다. 경기장에 흰색 깃발이 경기 시작을 알리면 최선을 다해 달리려는 결심이 서야 한다. 어떠한 역경을 마주하더라도 자신의 비전에 집중하고 강하게 버티지 못한다면 기회는 흘러가버리고 만다.

미국 심리학자 앤젤라 더크워스Angela Duckworth는 2007년에 발표한 책 《그릿: IQ, 재능 환경을 뛰어넘는 열정적 끈기의 힘Grit: Perseverance and Passion for Long-Term Goals》에서 미군 사관학교 웨스트포인트의 후보생이 되기 위해 거치는 비스트 배럭스 훈련The Beast Barracks Initiatives Program에 대한 이야기를 소개했다. 이 훈련은 후보 생도들의 체력, 정신력, 정서 안정 등을 시험하는 프로그램이다. 놀랍게도 더크워스는 성공을 규정하는 것은 능력, 똑똑함 또는 리더십 등이 아니라 그보다는 개인의 투지, 끈기, 결의 그리고 정신력이라는 사실을 알아냈다.

테드 강연에서 그녀는 "성공으로 가는 열쇠요? 바로 그릿입니다." 라고 말한다.

"그릿이란 매우 장기적인 목표를 이루기 위한 열정과 인내를 말합니다. 버틸 체력을 가진다는 의미죠. 그릿은 밤낮없이 당신의 미래와 함께합니다. 고작 몇 주나 몇 달이 아니라 몇 년씩 말이죠. 그 미래를 위해 열심히 노력하면 그것은 실제가 됩니다. 그릿은 인생을 살아가는 것과 마찬가지인데, 짧은 단거리 경주가 아닌 마라톤과 같습니다."

이는 당신의 정비담당자를 설명하는 바와 같다. 요약하면 그들은 당신이 자신의 꿈을 마라톤 코스로 달릴 수 있도록 활력을 더해주고, 복잡한 길에 방향을 알려주며, 장해물을 피해갈 수 있도록 해준다.

당신의 정비담당자는 당신이 실수로부터 배울 수 있게 해주고, 앞으로 나아갈 수 있게 한다. 당신의 승리를 축하해주면서 당신이 이뤄낸 성과를 상기시키면서 현실감을 갖도록 한다.

당신의 상황은 어떤가?

- 4장에서 생각해낸 당신 네트워크 안의 각각의 인물을 정비담당자 체크리스트와 비교해보라.
- 어떤 것을 알아차렸나?
- 지금 당신의 네트워크에 정비담당자가 될 만한 인물이 있는가? 아니면 그런 인물이 필요한가?

당신의 정비담당자

체크리스트

☐ 당신만큼 당신의 목표나 꿈에 관심을 가진다.

☐ 중요한 사람들에게 당신을 소개하거나 연결을 주선한다.

☐ 당신이 미래에서나 현실에서도 지금 현재를 살도록 균형감을 유지해준다.

☐ 장기간 지속적인 에너지를 가질 수 있게 안성맞춤으로 단련시킨다.

☐ 당신의 커리어와 개인적인 요구사항 사이에 조화를 이루도록 하며, 당신의 인
생에서 중요한 인간관계에 주의를 기울인다.

☐ 당신이 더 발전하도록, 또 자신이 어떤 인물인지 포용하도록 북돋는다.

☐ 당신의 안부를 수시로 확인한다.

☐ "요즘 어떻게 지내세요?"라고 묻는다.

체크포인트

☐ 그렇다, 나에게는 정비담당자가 있다.

4장에서 언급했던 인물의 이름을 적어보라 : _____

☐ 그렇지 않다, 나는 정비담당자가 필요하다.

이 역할에 적합한 인물을 누가 알고 있을 것 같은가? : _____

3. 선생님

"오직 경험만이 지식을 가져다준다. 더 오래 살수록 당연히 더 많은
경험을 가지게 된다."

– 엘 프랭크 바움L. Frank Baum, 《오즈의 마법사The Wonderful Wizard of Oz》–

인생에서 끊임없는 배움은 발전과 성장을 위해 필수적이다. 하지만 염두에 두어야 할 것이 있다. 이런 방법으로 당신을 도와줄 이를 당신의 핵심 네트워크에 '선생님'으로 포함시키는 것은 순전히 당신에게 달려 있다. 선생님은 당신의 지식을 확장하고 매일매일 당신이 더 나아지도록 이끌어준다. 성공한 사람들은 이런 사실을 알고 있다. 그래서 그들은 더 배우고자 하는 끊임없는 욕망과 신념을 가진다.

많은 이들이 본인의 전문지식에는 투자하려 하지 않는다. 그들은 일종의 정체기에 살고 있는데, 말하자면 자신이 알아야 할 모든 것은 이미 알고 있다고 생각한다. 그들 중 일부는 학교를 떠나 자신의 학습 기간을 마치고 학위를 얻으면 거기에서 멈춘다. 그들은 거기가 배움의 끝이라고 생각하는데 – 물론 이는 사실이 아니다 – 바로 거기가 진짜 시작점이다! (당신은 이런 사실을 이미 알고 있을 거라고 확신한다. 당신은 당신만의 올바른 네트워크를 만드는 방법을 배우기 위해 이 책을 읽고 있으니 말이다.)

배움은 학교 교실에서만 이루어지는 것이 아니다. 이는 당신 이름 뒤에 붙는 학위를 말해주는 것이 아니라 당신이 잘할 수 있는 것을 어떻게 더 잘할 수 있는가, 그리고 당신을 도와줄 수 있는 '선생님'을 찾아낼 수 있는가가 배움이다. 선생님은 영감을 불러일으키고, 가치관을 정립시키며, 호기심을 자극하고 문제의 해답을 찾을 수 있도록 도움을 준다.

《부자 아빠, 가난한 아빠Rich Dad, Poor Dad》의 저자로 유명한 로버트 기요사키Robert Kiyosaki는 그의 두 아버지에 관해 이야기한다. 그의 가난한 아빠는 돈에 대해 제한적인 관점을 가진 중산층 인물이었고, 부자 아빠는 하와이에서 가장 부자 중 한 사람이었다. 기요사키는 성공하기 위해 돈을 관리하는 방법과 마음가짐을 그의 부자 아빠로부터 배우기로 결심했다.

당신은 네트워크를 위한 올바른 선생님을 구해야 한다. 올바른 선생님과 지도는 당신의 사고를 확장하고, 당신이 제시한 아이디어에 도발하며, 좀 더 멀리 뻗어 나가고, 계속 배움을 유지하라고 격려한다. 왜냐하면 그들은 이런 지속적인 호기심이 발전, 성취 그리고 성공을 위한 진짜 기회들을 만들어낸다는 것을 이해하고 있기 때문이다.

배움은 자기주도적인 욕망이자 선택이다. 그러므로 당신은 결코 배움을 멈추지 말아야 한다. 또 자신의 네트워크에 그에 맞는 선생님을 골라야 한다.

하버드대학교 린다 힐Linda Hill 교수는 이렇게 언급했다. "새로운 방향으로 생각하라고 유도되지 않는 이상, 새로운 것을 생각해내기란 거의 불가능하다. 그리고 이는 당신이 전혀 다른 관점을 가진 사람들과 교류하지 않는다면 일어날 수 없는 일이다."

당신의 상황은 어떤가?

- 4장에서 생각해낸 당신 네트워크 안의 각각의 인물을 선생님 체크리스트와 비교해보라.
- 무엇을 가늠할 수 있는가?

- 얼마나 많은 선생님이 지금 당신의 네트워크에 있는가?
- 아무도 없다면 그 역할에 맞는 이를 물색해야 한다.

당신의 선생님

체크리스트

☐ 본인의 경험과 지식을 나눈다.

☐ 성공으로 가는 경로를 만드는 데 도움을 준다.

☐ 당신이 닮고 싶은 행동이나 지식의 모델이 된다.

☐ 당신의 아이디어에 대해 토의하고 당신의 사고를 통해 당신을 이끌어준다.

☐ 여태껏 당신이 접하지 못한 정보를 선보인다.

☐ 당신보다 더 많은 경험의 소유자다.

☐ 당신의 사고에 딴지를 건다.

☐ 가능성에 대해 호기심을 가지도록 부추긴다.

☐ "OOO 것들을 읽어보고 들어보고 눈여겨봤는데, 이것이 내가 생각하는 바입니다. 당신 생각은 어떤가요?"라고 말한다.

체크포인트

☐ 그렇다, 나에게는 선생님이 있다.
4장에서 언급했던 인물의 이름을 적어보라 : _____

☐ 그렇지 않다, 나는 선생님이 필요하다.
이 역할에 적합한 인물을 누가 알고 있을 것 같은가? : _____

4. 버트 키커

"책임진다는 것은, 우리가 한 것뿐만 아니라 하지 않은 것도 포함된다."

– 몰리에르Moliere –

4년 전에 나는 비즈니스 매출을 3배 이상 늘리고 책을 쓰며 강연 커리어를 시작하기로 계획을 세웠다. 보시다시피 그건 매우 거창한 목표였고, 사실상 그런 목표를 어떻게 이룰지 어떠한 아이디어도 내게는 없었다. 그리고 무척이나 두려웠다. 그렇다고 내가 그냥 위축되어 있지만은 않았다. 나는 자리를 털고 일어나 내가 할 수 있다고 확신시켜줄 버트 키커를 고용했다.

나는 반강제로 내 안전지대로부터 떠밀려 나왔고, 내가 세운 목표에 책임을 졌다. 내 첫 번째 책《From me to we》는 2014년 1월에 와일리Wiley 출판사를 거쳐 세상에 나왔고, 같은 해 8월 강연자 연맹에 가입했다. 영업 실적은 목표치를 이뤘고, 그 이후로 비즈니스는 나날이 성장해가고 있다. 그리고 지금 여기서 나는 두 번째 책을 소개하고 있다. 이 모든 것은 생각해왔던 그 꿈들을 모두 넘어서는 일들이다.

이런 성공은 나 혼자만의 힘으로 허우적대고만 있었다면 완전히 불가능했을 일이다. 목표와 포부를 가지는 것과 실제로 그것들을 이루는 일은 별개다.

우리는 우리가 하려고 했던 목표를 이루지 못할 변명거리들을 백만 한 가지 정도 생각해낸다. 우리는 소위 '분석으로 인한 마비'로 괴로워하거나, 당신이 나와 비슷한 스타일이라면, 더 나은 아이디어나 좀 더 신나는 계획에 현혹되어 원래 목표에서 경로 이탈하고, 시간과 에너지를 허비하게 될 것이다.

하지만 루이스 캐럴Lewis Carroll은 이렇게 얘기했다. "당신이 어디로 가고 있는지 모른다 해도, 어떤 길이든 당신을 그곳으로 데려다줄 것이다."

드디어 버트 키커가 활약할 때다!

당신에게는, 계획을 다듬어주고 목표에 매진할 수 있도록 해주는 버트 키커가 필요하다. 그들은 당신의 기상 알람시계이며, 당신의 "정말요? 자, 일단 시작하죠!"다.

버트 키커는 행동 개시의 달인들이다. 그들은 당신의 꿈을 경청하고 당신이 그 꿈과 한몸이라고 확인시킴으로써 당신의 목표에 박차를 가한다. 그들은 당신으로 하여금 자신의 행동과 결정에 책임지도록 하고, 하려고 했던 일들을 실제 행동으로 옮기는지 확인한다. 당신의 버트 키커는 체육관의 개인 트레이너와 같다. 그들은 당신의 푸시업과 윗몸 일으키기 횟수를 세고, 항상 훌륭한 몸매를 위해서라며 "한 번 더!"를 외친다.

《The 85% Solution : How Personal Accountability Guarantees Success(85퍼센트 해결책)》의 저자 린다 갈린도Linda Galindo는 버트 키커야말로 성공의 비밀병기라고 칭한다. "실제로 많은 기업가들이 행하고 있는 소위 '준비-발사-조준'(원래는 준비-조준-발사의 순서로 총을 쏠 때 준비하고 조준해서 발사해야 한다는 군대용어이지만, 여기서는 준비하고 바로 발사한 다음 조준한다는 의미로, 일단 먼저 저질러본다는 의미로 해석된다. _ 옮긴이 주)의 접근방식을 만류하는 파트너와 일하는 것이 핵심이다."

〈하버드비즈니스리뷰〉가 CEO를 대상으로 한 설문조사에서, 공식적인 버트 키커나 멘토링 시스템을 갖춘 기업의 성과가 향상되었다는 결과를 도출했다. CEO의 대다수는, 버트 키커나 멘토링 시스템이 더 나은 의사결정(69퍼센트)과 주주의 만족도(76퍼센트)에 기여했다고 대답했다.

확실히 정신이 번쩍 들면 꾸물꾸물대지 않는다. 버트 키커는 당신이 지도와 멘토링, 목표 설정을 통해 성장할 수 있게 도와주고 책임지도록 한다.

많은 이들이 버트 키커의 역할이 그들의 상사라고(아니면 어머니거나) 잘못 판단하는데, 물론 상사가 당신에게 업무, 자기계발 그리고 커리어에서, 심지어 자신의 책상 정리를 요구하는 등의 크고 작은 영향력을 행사할 수 있을지는 모른다. 때로는 그들도 자신이 당신에게 부담스러운 존재임을 느낄 수도 있다. 하지만 당신이 미래의 목표에 다가가도록 응원하지 않는다면 상사는 당신의 버트 키커가 아니다. 진정한 버트 키커는 당신의 등에 업히려 하는 자가 아닌 당신의 뒤를 받쳐주는 사람이다.

이 책으로 예를 들어보자. 정신 번쩍 들게 하는 버트 키커가 없었다면 이 책이 세상에 나오는 일은 일어나지 않았을 것이다. 물론 나에게는 목표가 있고 나누고 싶은 확고한 메시지도 있었다. 출판사에서는 마감일을 못박았지만, 내게 원고 인도 기한이라는 책임감을 지운 나의 버트 키커 – 내 책의 편집자, 켈리 – 와의 소통이 없었다면, 결코 마감일을 지키지 못했을 일이다. 나는 매주 전화통화와 작업 진행 상황에 책임감을 느끼고 자극받았으며 중압감을 가졌다. 모든 과정에서 책의 내용에 대한 정직하고 진술한 피드백을 거쳤으며, 책을 어떻게 명료하고 간결하면서도 공감되도록 쓸 것인가에 대한 조언도 얻었다.

그 결과는? 지금 여러분이 이 책을 읽고 있다.

당신의 상황은 어떤가?

- 4장에서 생각해낸 당신의 네트워크 안의 각각의 인물을 버트 키커 체크리스트와 비교해보라
- 그들 중 누가 버트 키커가 될 만한가?
- 필요 시 당신에게 버트 키커가 되어줄 인물을 곁에 두고 있는가?

당신의 버트 키커

체크리스트

☐ 당신에게 당신의 목표와 계획 그리고 어떻게 성취할 수 있는지를 묻는다.
☐ 정기적으로 당신의 진행 상황을 체크한다.
☐ 실현 가능한 것들을 기대한다.
☐ 정직한 피드백을 준다 : 개선을 위한 좋은 점, 나쁜 점, 심지어 형편없는 점까지.
☐ 집중하고 결단력을 가지도록 돕는다.
☐ 책임감 있게 행동하도록 한다.

☐ 어려운 점을 파악해 새로운 해결책을 찾도록 돕는다.

☐ 적은 것으로 더 많은 것을 이루도록 돕는다.

☐ "할 수 있다. 그러니 시작해보라!"고 말해준다.

체크포인트

☐ 그렇다. 나는 버트 키커가 있다.

4장에서 언급된 인물의 이름을 적어보라 : _____

☐ 그렇지 않다. 나는 버트 키커가 필요하다.

이 역할에 적합한 인물을 누가 알고 있을 것 같은가? _____

● 무엇을 깨달았는가?

이 훈련이 의도하는 바는 4장에서 유추된 인물들을 들여다보고, 그들 중에 위의 각각 네 가지 인물 유형에 적합한 사람을 찾아내는 것이다.

이미 촉진자를 찾아냈는가? 그렇다면 정비담당자나 선생님 또는 버트 키커의 역할을 할 사람은 누구인가? 그보다 중요한 것은, 현재 당신의 네트워크에 누가 빠져 있는가?

이 훈련을 고객과 워크숍을 통해 진행하다 보면, 대부분의 사람들은 위의 네 가지 유형 중에 단 두 가지 정도만 충족하고 있다는 사실을 깨닫는다. 사실 여태껏 그 누구도 네 가지 유형을 다 가지고 있다고 자신 있게 말한 이는 없었다.

지금 아마도 당신의 대다수 네트워크는 정비담당자들로 둘러싸여 있거나 아니면 네 가지 핵심 요소 중 한 가지에만 편중되어 있을 것이다. 이는 여러 네트워크에 속해 있어도 한 명의 정비담당자 정도는 쉽게 찾을 수 있는 이유이기도 하다.

이 훈련은 사람에 대한 여러 의문점을 불러일으킨다. 당신은 아마도 아래와 같은 질문들을 스스로 던질 것이다.

- "XYZ에 대해 물어볼 만한 사람이 없군!"
- "나의 등을 떠밀어줄 사람이 없네."
- "직장 밖에서 사람을 찾아봐야 할까?"
- "내 주변 사람들과 다르게 생각하는 것이 잘못되었나?"
- "본받을 만한 인물이 없군."
- "많은 지인을 알고 있지만, XYZ을 해결해줄 만한 이는 없네."
- "이 사람을 이 유형에 배치했는데 사실 이 사람은 다른 유형에도 적합한데 말이야."
- "한 사람에게 두 가지 역할을 맡겨도 되나?"

이런 의문점들과 의견들은 훌륭하다. 이런 질문들은 당신이 자신의 네트워크에 대해 분석을 시작하는 것이고, 신중하게 심지어는 전략적으로 사고하고 있다는 반증이기도 하다.

그렇다면 이제 당신은 자신에게 필요한 도움에 대해 생각해볼 것이고, 스스로 질문을 던져보면서, 아마도 자신이 다소 이기적이거나 자기중심적이라고 느낄지도 모르겠다. 왜냐하면 필요한 도움을 받지 못하고 있다고 느끼기 때문이다.

관계의 목적을 분명히 하는 것은 절대 이기적인 것이 아니다. 나는 당신에게 친구나 가족과의 관계를 중단하라고 요구하는 것이 아니라 오히려 관계의 공동가치로 접근하라는 것이다.

이는 곧 결단을 내려 한 사람을 골라서 한 가지 유형으로 정한다는 의미다. 설령 그 인물이 두 가지 역할에 적합하더라도 말이다. 모두에게 시간은 소중하다. 그러므로 명확하고 집중해서 한 가지 역할에 한 사람을 정하도록 하라.

당신은 아마도 어떤 특정 인물이 당신의 인생에서 각기 다른 시점에 다른 역할을 한다는 사실을 깨달을 것이다. 이런 이유로 자신의 네트워크를 분석하고 재분석하는 것은 계속되는 발전 과정이 된다. 예를 들면 4년 전 내 버트 키커 역할을 했던 이는 이제 나의 선생님 역할을 하고 있다. 네트워크를 구축하기 시작하면 그 네트워크는 그대로 가만히 있지 않는다. 그것은 살아 움직이고 숨을 쉬면서 당신과 마찬가지로, 또 당신의 목표와 요구조건처럼 끊임없이 변화한다.

그래서 당신은 자신의 네트워크를 자신의 것으로 만들고 네트워크의 성장에 전략적으로 반응해야 한다. 이는 영원 불변의 법칙이다.

• 나의 Core 4 찾기

그렇다면 이제 당신의 우선순위는 이 네 가지 역할에 맞는 인물들을 자신의 네트워크에서 찾는 일일 것이다. 그러기 위해서는 당신이 지금 무엇을 찾고 있고 왜 그러한지를 분명히 해야 한다. 당신은 현재 어떤 목표와 포부를 가지고 있는가? 이러한 것을 이룰 수 있게 도와줄 이는 누구인가? 누가 당신을 홍보해주고, 가르쳐주고, 도움을 주며, 등 떠밀어줄 것인가?

만약 그들과 교류하면서 부탁한다면 그런 부탁을 들어줄 만한 사람이 있는가? 신뢰하는 이들이나 링크드인 같은 소셜 네트워크를 통해 자신의 부서나 회사 또는 직종 밖에서 알게 되는 사람들도 염두에 두라.

멀리 있더라도 당신에게 영감을 불어넣은 이가 있는가? 그렇다면 그들을 온라인상으로 따라가 그들이 써놓은 자료들을 읽어보고, 그들에게 연락을 취하기 전에 그들의 성과를 먼저 알아보는 것이 바람직하다.

종종 자신의 네트워크에서 빠져 있는 인물을 찾아낸다는 것은, 자신이 알고 있는 이들에 대해 생각해본 다음, 그들이 당신을 어떤 면에서 도울 수 있는지 확인한 후 그들과 교류하는 것처럼 간단한 일이다.

그렇다고 이것이 단순히 무리에 있는 사람들을 찾아가 그들에게 자신의 네트워크 속으로 들어와 달라고 접촉하거나 요청하는 일은 아니다. 그보다는 당신이 다른 사람에게 제공할 수 있는 것과 그래서

120

그들이 당신에게 줄 수 있는 가치를 맞교환하는 것이라고 생각해야 된다.

PART III에서는 이 부분을 좀 더 상세하게 살펴볼 것이다. 당신이 이런 사실을 간과하고 단지 도움이 될 만한 인물과 접촉을 시도하기 전에, 위에 언급된 부분을 정확하게 이해하는 것은 매우 중요하다. 그러므로 당신이 충분히 준비가 될 때까지 이 책을 계속 읽으라고 권하는 바이다.

그럼 그들과 교류를 시도하기에 앞서 자신의 Core 4를 확장시켜 당신의 성공을 앞당겨줄 12명의 주요 인물들과 만나보자.

Chapter 6
12명의 주요 인물과 특성 찾기

자, 이제 당신은 자신에게 도움이 될 만한 전략적인 네트워크 구축을 시작하는 기로에 서 있다. 앞에서 촉진자, 정비담당자, 선생님, 버트 키커 등, Core 4를 찾는 것이 첫 번째 필수 요건이었다 할지라도, 정작 12명의 주요 인물과 그들이 가진 특성을 확보해서 나와의 연결고리로 이어지기 전까지는 자신의 목표에 진정한 성장 동력을 갖추기 힘들다.

12인으로 구성된 양질의 네트워크는 당신의 미래가 전략적으로 형성되도록 하고, 기회나 상호 가치 교환을 이끌어내며, 영감을 주는 사고와 기하급수적인 성장을 가속화시킬 것이다.

4명으로 시작해 당신의 성공을 앞당겨줄 수 있는 12명의 핵심인물을 목표로 하라.

그러나 당신이 당신 네트워크 내에서 생각하고 있는 인물과 실제로 당신의 네트워크 안의 인물은 서로 다르다. 쉽게 말하자면, 당신은 당신의 상사를 자신의 네트워크 안에 포함시켰지만, 상사의 주안점은 상사 자신의 목표를 달성하는 것이지 당신의 목표를 이뤄주는 것이 아니라는 의미다.

그들이 당신의 커리어 진행 상황이나 성장에 대해 당신과 진지하게 이야기를 나누는가? 또는 자신의 배움을 당신에게 나눠주고, 당신에게 더 많은 것을 해보라고 격려해주는가? 아니면 그들은 본인의 일 때문에 너무 바쁜 나머지 당신에게 신경 쓸 시간조차 없는가? 그들이 발휘하는 리더십이나 행동이 당신이 궁극적으로 본받고 싶은 것인가? 아니면 그들이 하는 말이나 행동이 좀처럼 이해되지 않는가?

옛 명언에 "아는 만큼 보인다."라는 말이 있는데, 이 말이 바로 당신이 자신의 12명 네트워크를 구성할 때 꼭 곱씹어봐야 하는 말이다. 누가 그 역할에 가장 적합할지 그리고 어떤 인물이 빠져 있는지를 잘 이해하고 있어야 한다.

짐 론의 얘기를 들어보자. "대세에 휩쓸리지 마라. 성장하기 힘들다. 기대와 요구가 많은 곳으로 가라." 이 방식이야말로 당신이 직접 자신의 네트워크의 운전대를 잡는 것이다.

● 12명의 주요 인물 만나기

[그림 6-1]에 나와 있는 주요 인물 12명과 그 특성을 살펴보자.

[그림 6-1] 주요 인물 12명 연계도

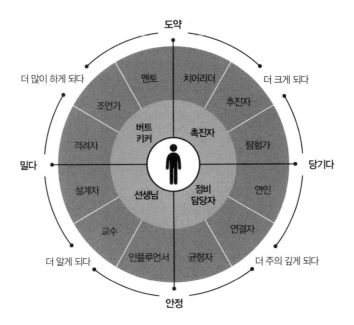

• 촉진자 – 더 큰 일을 하도록 돕는다.

1. 치어리더

2. 탐험가

3. 격려자

• 정비담당자 – 더 성장하도록 돕는다.

4. 연인

5. 연결자

6. 균형자

- 선생님 – 더 많이 알도록 돕는다.

7. 인플루언서

8. 교수

9. 설계자

- 버트 키커 – 더 많은 것을 하도록 돕는다.

10. 조언가

11. 추진자

12. 멘토

이제부터 각각의 더 상세한 부분을 알아보자.

1. 촉진자

내재한 가능성에 의견을 말해주고, 당신이 큰 포부를 가지고 더 큰 일을 하도록 격려한다.

1-1. 치어리더

당신의 치어리더는 단연코 당신의 넘버원 팬이다. 그들은 당신이 어디에 있건 늘 당신을 찬양하고 다닌다.

모든 이에게 치어리더, 응원, 막대풍선 등이 필요하다. 그들은 당신이 가진 꿈을 응원하며 당신이 할 수 있다고 믿어주고, 당신의 실력과 능력을 꿰뚫고 있어서 당신에 대해 많이 알려주고 다닌다. 말하자면 그들은 당신에게 걸어 다니는 게시판, 텔레비전 광고, 소셜미디어의 무대가 되어주고 있는 셈이다.

당신이 어렸을 때 당신의 치어리더들은 도처에 있었다. 운동장에 앉아 친구끼리 실랑이하는 것을 해결해주고, 달리기 경주에 꼴찌로 들어오더라도 당신을 결승선에서 기다리고 있고, 아직 잘 다루지도 못하는 악기로 음악 발표회를 하는 비좁은 학교 공연장에서도 흐뭇한 미소를 보내며 당신을 바라보고 있었다.

1992년 바르셀로나 올림픽에서 데릭 레드몬드Derek Redmond는 400미터 준결승전에서 허벅지 부상을 입었다. 그의 아버지는 관중석에서 뛰어 내려와 그가 부상 당한 다리로 절뚝거리더라도 경기 트랙을 무사히 완주할 수 있도록 그의 옆에서 같이 뛰어주었다. 레드몬드는 경기 중 도움을 받았다는 이유로 실격처리 되었지만, 바로 그 경기, 그 순간은 진정한 올림픽 정신을 기리는 역사로 남았다. 레드몬드의 아버지는 그의 치어리더였다.

대부분 부모님이 우리들의 첫 번째 치어리더가 되어주는데, 우리가 넘어질 때면 일으켜주고 "얘야, 네가 하고 싶은 무엇이라도 될 수 있단다."하고 말한다. 하지만 오늘날 네트워킹을 성공적으로 이끌기 위해서는 그런 상투적인 것들을 뛰어넘어야 하는데, 왜냐하면 그런 무조건적인 격려만큼이나 현실감 또한 익히는 것이 중요하기 때문이다.

당신의 치어리더는 당신의 '기 살려주기 모임'의 회장으로 언제라도 당신을 홍보해주고, 당신의 성장을 지원해주고, 능력을 발휘할 수 있도록 기회를 제공해주며, 더 큰 일을 할 수 있게끔 후원한다. 당신을 전적으로 믿기 때문이다.

그들은 당신이 승리하는 것을, 성공하는 것을 누구보다 보고 싶어 한다.

당신의 상황은 어떤가?

- 5장에서 언급한 촉진자들 중 치어리더 체크리스트와 비교해보라.
- 무엇을 알아냈는가?
- 당신의 네트워크에 치어리더가 있는가?

당신의 치어리더

체크리스트

- ☐ 모든 과정의 단계에서 당신을 응원한다.
- ☐ 그들이 만나는 모든 이들에게 당신에 대해 매우 긍정적으로 이야기한다.
- ☐ 당신이 말할 때 집중해서 듣는다.
- ☐ 당신이 실망할 때도 격려를 아끼지 않는다.
- ☐ 마무리 단계를 돕는다.
- ☐ 진심을 다해 당신을 믿어준다.
- ☐ 좀 더 하도록 요구한다.
- ☐ "당신은 훌륭합니다. 계속해서 나아가세요."라고 말해준다.

체크포인트

□ 그렇다. 나에게는 치어리더로 적합한 인물이 있다.

5장에서 생각해낸 인물을 적어보라 : _____

□ 그렇지 않다. 나는 치어리더를 찾아야 한다.

누구에게 물어볼지 아이디어를 적어보라 : _____

1-2. 탐험가

모험가이자 작가인 미카엘 스트랜드버그Mikael Strandberg는 탐험가를 '늘 호기심이 가득하고, 변화하겠다는 강렬한 의지를 가진 사람'이라고 정의했다.[4]

탐험가들은 사회적인 통념에 이의를 제기하며 새로운 방법을 개척하려고 하는 사람들로, 그래서 그들은 당신에게 끊임없이 "왜 그런가?"라고 묻는다. 그들은 당신의 목표가 무엇인지 그리고 당신이 그 목표를 어떻게 이룰지를 알고 싶어 하고, 정상에 오를 수 있는 길을 궁금해하며, 목표를 달성하는 다른 방법을 제시해주기도 한다.

탐험가들은 다른 사람들이 생각하는 것들에는 관심이 없다. 그들은 당신이 생각하는 바를 알고 싶어 하고, 가보지 않은 길이나 생각해보지 못한 것들에 흥미를 느낀다. 평범함의 렌즈를 제거하고 그 자리에 기회의 렌즈를 장착해 바라보는 관점을 바꾸도록 당신을 이끈다. 당신이 더 크게 되기를 바라는 그들은, 당신이 궁극적인 목표를

---

4 〈허핑턴 포스트Huffington Post〉, 미카엘 스트랜드버그, '현대의 탐험가가 되기 위한 9가지 팁', 2013년 10월 1일자

이루기 위해 심사숙고하도록 당신이 미처 알지 못했던 선택사항들을 과감하고 두려움 없이 개척해줄 것이다.

　호기심으로 고양이를 죽일 수도 있지만("호기심이 지나치면 위험하다."는 영어식 표현 _ 옮긴이 주) 고양이가 아홉 개 목숨을 가졌듯이("고양이 목숨이 아홉 개라 쉽게 고양이를 죽일 수 없다."는 영어 속담 _ 옮긴이 주), 비즈니스에서나 일상에서 그리고 커리어에서 우리는 회생을 준비하고 목적지에 도달하기 위한 새로운 여정을 시작해야 한다. 우리가 사는 세상은 아주 빨리 움직이고 있어서 이에 적응하는 유일한 방법은, 계속해서 움직이면서 호기심을 유지하고 자신이 왜 그리고 무엇을 하고 있는지에 대해 계속해서 질문하는 것이다. 이것이 바로 탐험가가 당신의 네트워크에서 하는 역할이다.

　탐험가는 왜, 누가, 무엇을, 어디서, 언제 그리고 어떻게를 질문할 것이다. 그들은 당신에게 새로운 미래를 소개하고자 당신의 현재 상황에 간섭할 것이다.

　그들은 당신의 성과물을 바꾸라고 종용할지도 모르고, 예전에는 이루기 불가능하다고 치부했을 일의 가능성에 대해 일깨워줄 수도 있다.

　휘스크닷컴whisk.com의 성공한 기업가 닉 홀저Nick Holzherr는 탐험가를 이렇게 설명했다.

"탐험가는 업계와 비즈니스 전반에 걸쳐 방대한 경험을 두루 갖춘 기업가나 투자가, 그리고 친구다. 우리는 의견을 교환하고 선택사항을 면밀하게 살펴본다. 그가 알려주는 통찰은 나에게 다양한 다른 각도에서 발생하는 기회와 문제점을 볼 수 있도록 해준다."

분명한 사실 한 가지는 매우 성공한 인물들은 인생이라는 지극히 단조로운 주차장에서 빈둥거리며 아무것도 하지 않거나 발전이나 행운이 오기를 마냥 기다리고 있지 않다는 것이다.

당신의 상황은 어떤가?

- 5장에서 언급한 촉진자들 중 탐험가 체크리스트와 비교해보라.
- 무엇을 알아냈는가?
- 당신의 네트워크에 탐험가가 있는가?

당신의 탐험가

체크리스트

☐ 당신이 무엇을 하고 있는지 그리고 왜 그런지 호기심을 표출한다.

☐ 가능성을 무제한으로 살핀다.

☐ 다르게 하는 방식을 두려워하지 않는다.

☐ 문제점을 해결하도록 도와준다.

☐ 대체할 방법을 알아본다.

☐ 고정관념을 벗어나도록 해준다.

☐ 다른 선택사항에 대해서도 생각하도록 유도한다.

☐ "왜 그런가?" 또는 "왜 그러면 안 되는가?"에 대해 묻는다.

체크포인트

☐ 그렇다, 나에게는 탐험가로 적합한 인물이 있다.
5장에서 생각해낸 인물을 적어보라 : _____

☐ 그렇지 않다, 나는 탐험가를 찾아야 한다.
누구에게 물어볼지 아이디어를 적어보라 : _____

1-3. 격려자

격려는 가능성의 힘이 된다. 당신을 격려해주는 누군가와 함께 있으면, 당신 내면에 자리한 열정이 살아나고, 당신의 꿈에 활기가 생기는가 하면, 당신이 더 많은 일을 그리고 더 많은 것을 얻고 더 크게 되는 데 힘이 보태진다.

"열정은 전염된다."라는 말이 있는데, 이는 진실이다. 격려자들의 에너지, 열정, 용기 그리고 자기 확신은 실제로 전염성이 강하다.

당신이 무엇을 하고 이루고 싶은지에 상관없이 네트워크 안의 격려자는 모든 것을 바꿔 놓는다. 그들은 당신이 보거나 느끼거나 듣거나 만질 수 있는 모든 것에 대한 미래 가능성의 그림을 그린다. 세상 전부 다 가질 수 있다고 스스로 생각할 만큼 엄청난 열정과 에너지를 불어넣는다.

격려자들은 새로운 가능성으로 당신을 일깨운다. 자신의 가능성과 능력을 스스로가 믿도록 변화시킨다. 그들은 항상 이렇게 말한다.

"당신은 당연히 할 수 있고 말고요. 누가 당신이 할 수 없다고 말하던 가요? 당신이 할 수 있다는 것을 나는 알고 있습니다. 내가 할 수 있다면 당신두 할 수 있습니다."

심리학자 마리나 밀라브스카야Marina Milyavskaya[5]는 심리 연구에서, 학생들에게 학기 말까지 이루고 싶은 세 가지 목표를 정하고, 진행 상황을 매달 세 번씩 보고하도록 했다. 이 실험을 통해 일상생활에서 격려를 더 많이 받는 학생이 좀 더 큰 포부로 큰 목표를 정하고, 또 그런 목표 또한 달성해낸다는 것을 알아냈다. 연구자들은 이렇게 결론 내렸다. "목표를 세우는 과정과 목표를 이루기 위한 격려는 좀 더 원대한 목표에 대한 영감과 더 큰 목표 추구의 순환을 만들어낸다."

이것이 바로 당신의 격려자들의 역할이다. 그들은 야심만만하고 큰 그림을 그리며 '나는 할 수 없을 거야.'라는 생각보다는 생각하는 대로 이뤄진다고 믿는, 틀에서 벗어나 상자 밖에서 사고하는 자들이다.

당신의 상황은 어떤가?

• 5장에서 언급한 촉진자들 중 격려자 체크리스트와 비교해보라.

• 무엇을 알아냈는가?

---

5 〈사이언스다이렉트ScienteDirect〉 56~60페이지, '성격과 개인 차 52(1)', 2012년 1월

• 당신의 네트워크에 격려자가 있는가?

당신의 격려자

체크리스트

☐ 자유롭게 열정과 열의를 표현한다.

☐ 대화를 통해 힘을 북돋아준다.

☐ 힘이 솟게 한다.

☐ 큰 그림의 목표를 가지도록 한다.

☐ 자기 확신이 들도록 해준다.

☐ 더 많은 것을 보도록 영감을 준다.

☐ 어떤 것도 가능하다고 믿도록 해준다.

☐ "함께 세상을 정복하자!"라고 말한다.

체크포인트

☐ 그렇다, 나에게는 격려자로 적합한 인물이 있다.

5장에서 생각해낸 인물의 이름을 적어보라 : _____

☐ 그렇지 않다, 나는 격려자를 찾아야 한다.

누구에게 물어볼지 아이디어를 적어보라 : _____

2. 정비담당자

늘 올바른 방향으로 이끌고 성장시키고 더 잘해야 한다는 부담감에서 벗어나 당신이 더 많은 일을 할 수 있도록 돕는다.

2-4. 연인

연인의 제일 중요한 초점과 관심사는 당신과 당신의 안부다. 하지만 당신은 본인에게 중요한 인물을 이 역할로 정하고 싶겠지만, 그러지 말라고 강력히 당부하는 바이다.

물론 당신에게는 당신을 염려해주고 응원해주는 특별한 사람들이 있겠지만, 그들은 당신의 일상에서 일어나는 모든 일을 일일이 다 들어줄 필요도, 또 그렇게 하고 싶어 하지도 않는다. 실상 이런 행위는 우리의 가장 중요한 관계들에 부담감만 안겨줄 뿐이다.

또 다른 문제점은 당신을 사랑하는 사람들은 대개 당신이 듣고 싶어 하는 얘기만 해주고, 정작 당신이 들어야 하는 얘기는 하지 않는다. 연인은 언제나 당신에게 100퍼센트 정직해야 한다. 설령 아픔이 되더라도 말이다. 당신의 행동이나 결정에 대한 그들의 신랄한 솔직함이 당신으로 하여금 핵심을 꿰뚫도록 만든다. 실생활에서라면 이런 일을 연인에게서 듣기는 그리 쉽지 않을 것이다. 하지만 이건 인신공격이 아닌 당신이 꼭 들어야 하는 사실이다.

여전히 당신은 가족이나 친구 또는 애인이 이 역할에 적합하다고 느끼고 있을지 모르겠다. 물론 그들이 당신의 비즈니스에 같이 동참하고 있다면 그리 문제될 일은 없다. 그럼에도 불구하고 당신이 초기에 12명을 대략 선정하고 난 후, 이 역할에 적합한 다른 인물은 없는지 다시 한번 찾아보라고 권한다.

다른 사람, 예를 들면 아이들, 배우자 또는 직원 등의 요구사항을 자신의 것보다 먼저 들어주려는 것은 지극히 자연스러운 일이다. 하지만 그러다 보니 자신의 요구사항은 뒷전으로 밀려나 결과적으로는 낭패를 본다. 네트워크 안의 연인은 이런 일이 일어나지 않도록 해줘야 한다.

당신의 연인은 당신 자신과 당신의 요구사항을 제 일선에 두어 힘든 시기든 좋은 시기든 당신이 최상의 상태를 유지하도록 돕는다.

가수이자 전직 치어리더였던 폴라 압둘^{Paula Abdul}은 연인에 대해 이렇게 근사하게 표현했다. "당신이 성공했을 때는 모두가 최고의 친구다. 하지만 당신 옆에 있는 이들이 당신과 함께 실패를 주저하지 않을 이들인지도 확인하라."

당신의 상황은 어떤가?

- 5장에서 언급한 정비담당자들 중 연인 체크리스트와 비교해보라.
- 무엇을 알아냈는가?
- 당신의 네트워크에 연인이 있는가?

당신의 연인

체크리스트

☐ 당신을 제일 그리고 가장 먼저 염려한다.

- [ ] 늘 정직한 피드백을 준다.
- [ ] 어려운 시기라도 긍정적인 태도를 유지한다.
- [ ] 당신의 안부를 챙긴다.
- [ ] 당신의 인간관계를 존중한다.
- [ ] 남들보다 먼저 당신의 요구사항을 확인한다.
- [ ] 당신이 넘어지면 일으킨다.
- [ ] "어떻게 지내? 진심으로 답해줘."라고 묻는다.

체크포인트

- [ ] 그렇다, 나에게는 연인으로 적합한 인물이 있다.

5장에서 생각해낸 인물을 적어보라 : ＿＿＿＿＿＿＿＿＿＿＿＿＿

- [ ] 그렇지 않다, 나는 연인을 찾아야 한다.

누구에게 물어볼지 아이디어를 적어보라 : ＿＿＿＿＿＿＿＿＿＿＿

2-5. 연결자

세계적 베스트셀러 《티핑 포인트The Tipping Point》의 저자 말콤 글래드웰 Malcolm Gladwell은 연결자를 이렇게 설명했다.

> "우리를 세상과 연결해주고, 오마하와 샤론을 이어주며, 우리를 사교모임에 소개하고, 우리가 생각하는 것보다 훨씬 더 의지하게 되는 사람들이 연결자들이다. 그들은 사람들을 서로 어우러지게 하는 특별한 재주를 가진 이들이기도 하다."

당신의 연결자는 당신에게 문을 열어준다. 그 문은 다른 사람들이 거나 또는 정보가 된다.

물론 당신에게는 네트워크가 있다. 하지만 당신이 아는 사람, 당신의 경험, 그리고 연결자 없이 얼마나 오랫동안 네트워크에 속해 있었는지에 의해 당신은 제약을 받게 될 것이다.

예상하듯이 연결자들은 연결망을 가지고 있다. 그들은 정보와 연락처를 가진 힘 있는 중개인이다. 그들에게는 사고의 문을 여는 타고난 재능이 있고 사람과 정보를 연결하며, 이전에는 들어보지 못한 기회들을 만들어낸다. 그리고 그들은 그렇게 하는 것을 즐긴다.

이와 같은 일이 그들에게는 지극히 평범한 일이다. 그러니 당신을 도울 수 있는 이들을 왜 당신에게 소개하지 않겠는가? 그들이 당신을 돕는 이유는, 그들은 연결 가능성을 알아보고 그래서 기꺼이 연결해주었다는 것 이외에 다른 어떤 이유도 없다. 그들은 먼저 당신을 위한 것이 무엇인지 찾아보고, 그런 다음 자신을 위한 것이 무엇인지 알아본다.

네트워크 내에 연결자를 둔다는 것은 분명한 테두리를 갖춘다는 의미로, 그들이 당신의 목표와 욕구를 이해하면 연결자들은 당신을 위해 자신의 눈과 귀를 활짝 열어 놓는다. 그들은 늘 당신, 당신의 비즈니스, 당신의 꿈 그리고 당신의 개인적, 직업적인 전략에 대해 생각해서 적당한 기회가 오면 전화를 걸거나 이메일을 보내고 또는 당신에게 이야기해준다. 그러면 소개는 성사된다.

그들은 당신이 못 보고 지나치는 기회들을 연결해주는데, 이를테면 누군가 혹은 무언가를 당신에게 연결하면 당신이 꿈을 좀 더 빨리 이룰 수 있는 기회가 생긴다는 것을 그들은 알고 있다.

네트워크 확장에 있어 연결자는 매우 중요한 역할을 하는데, 왜냐하면 그들은 각기 다른 네트워크로부터 정보를 취합해 그것을 당신에게나 당신의 꿈에 유용하게 쓰이도록 하기 때문이다. 연결자는 당신이 찾고 있던 이들, 말하자면 당신의 네트워크에 꼭 필요한 12명의 핵심인물을 소개하는 바로 그 사람이 되는 것이다.

당신의 상황은 어떤가?

- 5장에서 언급한 정비담당자들 중 연결자 체크리스트와 비교해보라.
- 무엇을 알아냈는가?
- 당신의 네트워크에 연결자가 있는가?

당신의 연결자

체크리스트

☐ 모든 이를 아는 것 같아 보인다.
☐ 당신을 기회와 사람들에게 연결시켜준다.
☐ 당신이 부탁하기 전에 당신을 소개시킨다.
☐ 자유로이 정보를 공유한다.
☐ 다른 사람들과 협업을 부추긴다.

- ☐ 당신의 네트워크와 사고를 확장시킨다.
- ☐ 당신을 위해 닫혀 있던 기회들을 열어준다.
- ☐ "당신을 OO에게 소개하죠."라고 말한다.

체크포인트

☐ 그렇다, 나에게는 연결자로 적합한 인물이 있다.

5장에서 생각해낸 인물의 이름을 적어보라 : _____

☐ 그렇지 않다, 나는 연결자를 찾아야 한다.

누구에게 물어볼지 아이디어를 적어보라 : _____

2-6. 균형자

당신의 균형자는 모든 것을 조정하고 체크한다. 그들은 다른 사람과 만나기 전에 미리 산소마스크를 착용하라고(마음의 준비를 단단히 하라고) 당부한다.

균형자의 키워드는 자기관리다. 그들은 어떤 종류의 성공이든 개인적인 목표와 커리어의 목표가 건강한 균형을 이룰 때 가능하다는 것을 인지하고 있다.

그들은 당신에게 가족과 친구가 중요한 만큼 당신의 전반적인 신체적, 정신적인 건강과 웰빙도 그 못지않게 중요하다고 인지한다. 그들에게 성공이란 하고 싶은 일을 자신의 방식으로 하는 것을 의미하고, 균형 잡힌 라이프스타일은 그냥 가능한 것이 아닌 어떤 종류의 성공에도 반드시 갖춰야 하는 요건이다.

우리 모두는 저글링 박사학위를 가지고 있다. 우리의 삶은 마치 광대의 행위처럼 '공중에 너무나 많은 공이 떠 있어서' 종종 이런 것들로 인해 낭패를 볼 수도 있다. 가장 곤혹스러운 경우는 한 번의 동작으로 공중의 모든 공이 한꺼번에 떨어지는 일이다. 이때 당신의 균형자는 그 공들이 땅으로 떨어지기 전에 공을 잡아주는 역할을 하며, 대부분의 경우 당신은 미처 공이 떨어지는 줄도 모른다. 그들은 당신에게 "할 만큼 했다."라고 얘기해서 당신이 그만두고 재정비하여 다시금 일을 재평가할 수 있도록 돕는다.

세 아이의 엄마로서 나는 이런 느낌을 너무나 잘 알고 있다. 처음 이 일을 시작했을 때 아이들 모두 6세 미만이었다. 매일의 일상은 격렬한 저글링의 연속이었고 시간은 길었다. 내 수면 시간은 제멋대로였고 식단은 형편없었으며 내 운동 습관은(예전에는 살짝 비만이었다) 이미 온데간데없었다. 점점 힘이 빠져나가고 있었다. 급기야 남편 회사마저 법정관리에 들어가 고정적인 수입마저 불안정한 상태가 되었다. 우리의 스트레스는 지붕을 뚫고 하늘로 올라갈 기세였다. 생활을 축소해야 했고 집을 옮기고 자산도 처분해야 했다.

이때 내 균형자이자 전문가인 니키 포든 무어Nikki Fogden-Moore가 없었다면 나는 예전처럼 모든 것을 다시 손에 쥐려고 발버둥쳤을 것이다. 나도 이제는 니키처럼 궁극적인 성공이란 적당한 균형을 갖추는 것이라고 믿게 되었다. 그렇게 되면 당신은 개인적인 삶이나 직업적인 면에서 더 힘을 얻게 된다.

이를 니키는 이렇게 설명했다.

"당신의 네트워크 내에 균형감을 유지하고 폭풍우 속에서도 침착함을 잃지 않으면서 육체적으로나 정신적인 면 양쪽에서 웰빙을 실천하는 영향력을 발휘하는 사람들을 곁에 두는 것은 매우 중요하다. 당신을 지지해주는 이런 핵심 멤버들과 또 친밀감을 바탕으로 함께 일하는 이들과 관계를 형성함에 있어, 당신의 '균형자'는 당신으로 하여금 상황의 중심이 될 것을 상기시키고 목적을 분명히 하며 당신 자신뿐만 아니라 당신의 포부와 책임감에도 일시정지와 휴식 시간을 가지라고 재차 알려준다."

이는 수고와 노력을 요한다. 지금까지 이 책에서 배워왔던 모든 것들과 마찬가지로 다른 이에게 도움을 구하지 않고서 혼자만의 힘으로는 그리고 전략적이지 않고서는 삶의 균형을 성공적으로 이루기 힘들다.

당신의 상황은 어떤가?

- 5장에서 언급한 정비담당자들 중 균형자 체크리스트와 비교해보라.
- 무엇을 알아냈는가?
- 당신의 네트워크에 균형자가 있는가?

당신의 균형자

체크리스트

☐ 당신을 주기적으로 체크한다.

☐ 당신의 신체적, 정신적 건강을 살핀다.

☐ 당신이 사적인 생활과 직업적인 생활을 잘 접목하는지 확인한다.

☐ 당신이 본받고 싶은 건강한 라이프스타일의 본보기가 된다.

☐ 당신이 언제 그만두고 일시정지할지 말해준다.

☐ 당신이 재정비하고 상황을 재평가할 수 있도록 돕는다.

☐ 활력이 성공의 열쇠임을 확신한다.

☐ "자신의 웰빙을 위해 무엇을 하고 있나요?"라고 묻는다.

체크포인트

☐ 그렇다. 나에게는 균형자로 적합한 인물이 있다.

5장에서 생각해낸 인물의 이름을 적어보라 : _____

☐ 그렇지 않다. 나는 균형자를 찾아야 한다.

누구에게 물어볼지 아이디어를 적어보라 : _____

3. 선생님

당신이 지식, 지혜 그리고 혜안을 더 키우도록 도와서 더 많이 알게
한다.

3-7. 인플루언서

"저도 해봐서 잘 압니다!" 당신의 인플루언서와 인사하라.

인플루언서들은 당신이 동경할 만큼 성공한 사람들을 일컫는다. 그들은 자신들의 지식으로 당신의 배움을 더욱 더 풍성하게 한다. 당신은 그저 그들의 과거 실수로부터 배우고 그들의 지혜와 조언을 새겨들으면 된다.

인플루언서가 잘했던 일들 또 만약 그들에게 다시 기회가 생긴다면 그때는 어떻게 다르게 할지를 배운다는 것은 당신에게 엄청난 통찰을 가져다줄 뿐만 아니라, 처음부터 새로 시작하거나 모든 일을 힘겹게 배워야 하는 과정을 피해갈 수 있도록 한다.

성공은 복잡한 과정이지만 그곳에 도달해서 성취했던 그 사람은 이것이 어떤 것이며 무엇을 하고 또 그 여정을 어떻게 해 나가야 할지를 자신이 학습한 경험을 통해 정확하게 설명한다. 그래서 당신의 인플루언서는 당신에게 자신감이 생기게끔 힘을 주고 당신의 열정을 응원해주는 통로가 되어준다. 또 그들은 자신들의 전략이나 스마트 네트워크를 통해 당신의 커리어를 활성화시켜줄 기회의 문을 열어줄지도 모른다.

나의 사업 여정의 초반에, 10년째 자신의 길을 가고 있는 성공한 여성 기업가에게 점심시간을 이용해 조언을 구할 수 있는지 물었다. 나는 그녀가 배운 것들을 10년이라는 긴 시간을 들여 배우고 싶지 않았다. 나는 빠르게 움직이길 원했고 그녀가 나에게 알려준 것들에 내 생각을 접목해서 내 꿈을 좀 더 빨리 이루고 싶었다. 결과는 단지 한 번의 점심 미팅으로 끝나지 않고 내 사업의 첫 1년간 정기적으로 이

어졌다. 그녀가 나눠준 가르침과 통찰로 인해 내가 무수히 많은 단순한 실수들을 피할 수 있었다는 데에 의심의 여지가 없다.

인플루언서는 당신을 더 끌어올리고(향상시키고) 집중하게 하며 의사결정을 할 수 있도록 도와준다.

다른 사람의 경험을 활용해서 투자한 것의 최대치를 만들 수 있는데도 불구하고 왜 시간과 재화를 새로 시작하는 데 낭비할 것인가?

당신의 상황은 어떤가?

- 5장에서 언급한 선생님들 중 인플루언서 체크리스트와 비교해보라.
- 무엇을 알아냈는가?
- 당신의 네트워크에 인플루언서가 있는가?

당신의 인플루언서

체크리스트

☐ 존경하는 인생과 경험의 롤모델이다.

☐ 당신이 원하는 직업에 이미 종사했거나 당신이 원하는 바를 이룬 인물이다.

☐ 자신의 노하우를 전수해줘서 당신이 자신과 같은 실수를 반복하지 않도록 돕는다.

☐ 커리어를 시작하거나 승진에 도움이 되는 통찰을 알려준다.

☐ 의사결정에 도움이 된다.

☐ 성공을 가속화시킨다.

☐ 당신이 값비싼 실수를 저지르거나 시간을 낭비하는 것을 막아준다.

☐ 경험의 공유를 통해 당신의 자신감을 북돋는다.

☐ "저는 이렇게 했습니다. 그리고 이것이 내가 터득한 것이죠."하고 말해준다.

체크포인트

☐ 그렇다, 나에게는 인플루언서로 적합한 인물이 있다.

5장에서 생각해낸 인물의 이름을 적어보라 : _____

☐ 그렇지 않다, 나는 인플루언서를 찾아야 한다.

누구에게 물어볼지 아이디어를 적어보라 : _____

3-8. 교수

"배움을 멈추는 날이 곧 삶을 멈추는 날이다. 매일 우리는 일의 새로운 기술, 아이디어, 관점, 그리고 방식 등을 습득해야 한다." 버진그룹 회장 리처드 브랜슨의 말이다. 이것이 바로 당신의 교수가 어떤 역할을 하는지를 말해준다.

당신의 교수는 참신한 아이디어, 통찰 그리고 사고를 불러일으킨다. 어쩌면 그들은 새로운 시장 데이터, 정보, 트렌드를 파악하고 있고, 당신 직업군에 무슨 일이 벌어지고 있는지 꿰뚫고 있을지도 모른다. 어떤 경우이건 간에 그들은 당신에게 현재 상황이 어떠하며 또 미래에 어떤 일들이 일어날지 예측하고 지속적으로 알려주며, 그들의 정보는 늘 유용해서 당신에게 유리하게 작용한다.

많은 훌륭한 리더들이 자신의 성공을 학교에서나 강단에서 또는 삶의 어느 부분에서 도움받았던 선생님이나 교수님에게 공을 돌린다. 우리의 배움은 정규교육을 그만둔 뒤에도 멈춰서는 안 된다. 새로운 기술을 습득하고 자신의 분야에 높은 식견을 가지는 것은 직업적인 성공에 있어 필수요소다. 이는 직종과 직급에 상관없이 매우 중요한 사실이다.

오늘날 비즈니스 환경은 점점 더 경쟁이 치열해지고, 불안하고 빠르게 변하면서 까다로워지고 있다. 그래서 효율성을 유지하려면 기술과 지식을 끊임없이 연마해야 한다. 소비자들은 쉴 새 없이 소개되는 새로운 제품, 새로운 앱, 새로운 개념, 새로운 정보, 다운로드 가능하고, 배달되어야 하며, 쉽게 이해할 수 있어야 하는 것들을, 하루 24시간 1주일 7일 1년 365일 내내 자신들이 원하는 형태로 또 자신이 원하는 때에 가질 수 있게 되었다. 5분 전에 최고였던 당신이 5분 후에도 최고가 될는지는 장담하지 못한다.

교수는 당신에게 더 나은 사고, 더 깊은 사고, 그리고 다르게 사고하라고 계속해서 요구할 것이고 또 그래야 한다.

배움이란 한번 목표를 정해 놓으면 끝나는 것이 아니라 오히려 교수와 함께 실전에서 꾸준히 발전하는 과정이라 할 수 있다.

교수와 나누는 대화는 결코 잡담거리가 아닌 깊이가 있는 것으로 때때로 높은 수준과 핵심적인 내용이 담긴다. 어떤 일을 처리하고 감격에 젖어 있을 순간에도 교수는 당신에게 좀 더 깊게 파고들고 분석해보라고 요구한다. 당신이 해야 할 일은 그런 교수의 요구를 받아들이는 것이고 계속해서 성장해 나가는 것이다.

당신의 상황은 어떤가?

- 5장에서 언급한 선생님들 중 교수 체크리스트와 비교해보라.

- 무엇을 알아냈는가?

- 당신의 네트워크에 교수가 있는가?

당신의 교수

체크리스트

☐ 무리 중에 가장 스마트하다고 생각된다.

☐ 최신 도서, 정부 정책 보고서, 테드 강연 그리고 연구자료 등을 알고 있다.

☐ 늘 참신한 아이디어를 제시한다.

☐ 새로운 데이터 또는 정보를 환영한다.

☐ 당신에게 지속적인 배움을 부추긴다.

☐ 당신의 사고에 문제점을 제기한다.

☐ 당신의 사고를 확장시킨다.

☐ 심도 깊은 대화를 유도한다.

☐ 좀 더 깊숙이 파고들라고 요구한다.

☐ 새로운 사실을 깨닫는 데 도움을 준다.

☐ "무슨 책을 읽고 있습니까? 그래서 무엇을 배웠습니까? 그것이 그 외에 의미하는 바는 무엇입니까?"를 묻는다.

체크포인트

□ 그렇다, 나에게는 교수로 적합한 인물이 있다.
5장에서 생각해낸 인물의 이름을 적어보라 : _____

□ 그렇지 않다, 나는 교수를 찾아야 한다.
누구에게 물어볼지 아이디어를 적어보라 : _____

3-9. 설계자

설계자는 당신의 다음 단계를 디자인, 계획 그리고 관리 감독하는 것을 돕는다. 그들은 당신 계획의 마무리 단계를 시각화해서 어떻게 그 단계에 도달할 수 있는지를 알려주는 전문가들이다. 또 일의 가장 힘든 부분은 기획과 사전 준비단계라는 것을 알고 있고, 이 부분에 당신이 엄청난 시간을 쏟아야 한다는 사실 역시 잘 이해하고 있다.

그들은 당신이 하는 일에 열의를 보이고 훌륭한 의사소통자로서 문제 해결 능력을 보유하고 있는 인물로, 이런 그들이 보여주는 자질들이 당신의 커리어와 비즈니스 성장 계획에 매우 지대하고 유용하게 발휘된다. 문제가 생겼다고? 걱정하지 말라. 당신의 설계자가 쉼 없이 그리고 차분하게 당신이 문제를 해결할 수 있도록 도울 테니 말이다.

설계자는 체계적이고 민첩하며 자금 유용에 능하면서 잠재적인 이득, 또는 문제점과 위험요소들을 잘 알아보는가 하면, 당신의 경로를 안내할 디딤돌을 놓아준다.

그들은 이정표와 체크포인트를 설정할 것이고, 당신의 성장에 중요한 단계에서 계획을 재정비하는 것을 도와줄 것이다.

요컨대 영화제작에 대본 작업, 승인 절차, 그리고 제작에 앞서 사전 제작 등등 막대한 투자가 필요하듯이, 설계자는 실제 제작을 시작하기 전에 마스터 플래너로서 당신의 네트워크에서 아주 중요한 역할을 한다. 그들은 당신의 프로젝트 구축에 명확한 이정표를 세우고 그 과정에 따라 분명한 체크포인트를 설정한다. 일을 진행하기 전부터 일을 완성하고, 당신이 '와우! 내가 어떻게 여기까지 왔지?' 하고 감격하는 위치에 도달할 때까지 그들은 당신의 내실이 튼튼한지 확인한다.

당신의 설계자는, 책을 쓰거나 새로운 모험을 시작하거나 임금 협상이나 투자자를 찾는 일, 아니면 다른 나라로 이민을 가는 일이라도 관계없이 당신이 좀 더 빨리 성공할 수 있도록 돕는다. 어려움이 그 무엇이라도 그들이 당신의 꿈 설계자가 되어줄 것이다.

당신의 상황은 어떤가?

- 5장에서 언급한 선생님들 중 설계자 체크리스트와 비교해보라.
- 무엇을 알아냈는가?
- 당신의 네트워크에 설계자가 있는가?

당신의 설계자

체크리스트

☐ 당신의 미래가 어떠할지 마음속에 그려보도록 한다.

☐ 이룰 수 있는 계획을 세우도록 돕는다.

☐ 당신과 함께 문제를 해결한다.

☐ 편하게 의사소통한다.

☐ 이정표와 목표를 정한다.

☐ 다음 단계로 진행하기 전에 당신의 기초가 튼튼한지 확인한다.

☐ 논리적이고 체계적으로 행동한다.

☐ "그렇게 하기 위해 어떤 계획을 가지고 있습니까?"라고 묻는다.

체크포인트

☐ 그렇다, 나에게는 설계자로 적합한 인물이 있다.

5장에서 생각해낸 인물의 이름을 적어보라 : _____

☐ 그렇지 않다, 나는 설계자를 찾아야 한다.

누구에게 물어볼지 아이디어를 적어보라 : _____

4. 버트 키커

당신의 여정에 박차를 가하고, 더 많이 할 것을 요구하고, 행동에 책임지도록 지탱해주고 도와준다.

4-10. 조언가

조언가는 정직하고 충직한 인물로 목표를 성실하게 이행하라고 강요한다.

그들은 잘 정립된 신념과 가치로 행동하고 의사결정한다. 그들은 솔직하고 숨김이 없으며 진정성 있으면서 현실적이다.

그들은 자신이 스스로 매기는 평가가 가장 중요하다고 여겨서, 만약 당신이 자기 자신을 주도하지 못하거나 자신의 가치와 신념을 인지하지 못하고 또 자신이 어떤 사람인지 온전히 파악하고 있지 못하면, 결코 더 나은 사람이 될 수 없다고 생각한다. 리더십 전문가 존 맥스웰은 이렇게 설명한다. "당신이 외적인 면보다 내적인 면이 더 큰 사람이라면, 시간이 지날수록 외적으로도 큰 사람이 될 수 있다."

조언가는 당신이 선택한 행동이나 방향이 그릇될 때 엉덩이를 걷어차 정신을 번쩍 들게 해주는 인물이다. 그들은 당신의 의견에 동의할 때 정직하게 얘기해주지만, 그 반대의 경우에도 솔직하게 자신의 의견을 말한다.

조언가야말로 당신에게 가장 필요한 인물로, 그들은 당신 자신, 그리고 당신의 꿈과 목표에 헌신한다. 그들은 믿음직하고 힘을 북돋우며 당신에게 "용기를 내고 겁내지 말라."고 격려해준다. 올바른 행동에는 강력한 동기부여자가 되어주면서도 자신의 행동에 스스로 책임지라고 당부하고, 당신은 유일무이한 존재이기 때문에 자신감을 갖고 살고 일하라고 말한다.

조언가는, 설사 일반적인 지혜와 규범에 정면으로 위배되는 것이라 할지라도, 당신의 성실성, 정직함, 진실에 도전장을 내밀 것이다.

당신은 자신에게 정말로 솔직한가? 결정을 내릴 때 정말 원해서 한 것인가? 아니면 그렇게 해야만 할 것 같은 생각 때문인가?

조언가는 당신이 가장 돋보이고 스스로 빛나도록 해주며 강요에 의해서나 남들이 주도해서가 아닌, 당신이 하고 싶은 말을 하고, 하고 싶은 일을 하도록 도와준다.

당신의 상황은 어떤가?

- 5장에서 언급한 버트 키커들 중 조언가 체크리스트와 비교해보라.
- 무엇을 알아냈는가?
- 당신의 네트워크에 조언가가 있는가?

당신의 조언가

체크리스트

- ☐ 늘 있는 그대로 이야기한다.
- ☐ 솔직하고 냉철한 피드백을 준다.
- ☐ 통념적인 것에 문제제기한다.
- ☐ 당신에게 도덕성에 충실하라고 당부한다.
- ☐ 분명한 가치와 신념을 표출한다.
- ☐ 자신의 행동에 스스로 주체가 되라고 조언한다.
- ☐ "이것이 내가 진정으로 생각하는 바입니다."라고 말한다.

☐ 그렇다, 나에게는 조언가로 적합한 인물이 있다.

5장에서 생각해낸 인물의 이름을 적어보라 : _____

☐ 그렇지 않다, 나는 조언가를 찾아야 한다.

누구에게 물어볼지 아이디어를 적어보라 : _____

4-11. 추진자

추진자는 일이 시작되게 하고 행동하지 않음을 용납하지 않는다.

우리 대부분은 자신이 무엇을 이루고 싶은지 길게 그리고 어렵게 생각한다. 생각하고 또 생각하고……. 하염없이 생각한다. 하도 힘들게 생각하다 보니 나중에는 아무것도 행동에 옮기지 못하고 만다. 생각하지 않을 때는 의논해본다. 우리는 아이디어와 결과물 또는 콘셉트 등에 관한 회의를 지쳐서 기진맥진할 때까지 한다. 한마디로 사생결단 날 때까지 의견을 나눈다.

이럴 때 추진자의 역할이 필요하다. 당신에게 이뤄야 할 계획, 꿈 또는 프로젝트 등이 있다면, 추진자들은 당신의 엉덩짝을 걷어차서 당장 행동으로 옮기도록 할 것이다. 그래서 당신의 아이디어가 단지 아이디어로만 머물게 하지 않는다.

추진자들은 당신의 꾸물거리는 태도를 잡아내 호통을 친다. 그들은 당신을 밀어붙이고, 결정을 내리라고 재촉하며, 계획한 바대로 당신이 하려고 했던 일을 하라고 부추긴다.

그들은 당신이 세워 놓은 계획에 전심전력하도록 만든다. 당신의 일에 책임을 지도록 하며, 당신이 어떻게 해 나가고 있는지 수시로 확인한다.

당신을 최상의 상태로 올려 놓으면 당신이 세운 목표를 이룰 뿐만 아니라 최고의 결과에 도달할 수 있다는 사실을 그들은 잘 알고 있다.

그들은 당신을 테스트하고, 설령 80퍼센트라 해도 '완벽하다'며 당신을 설득할 것이다. 또 당신이 자신의 두려움을 마주하게끔 해서 당신만의 방식으로 이겨내도록 한다.

나는 나의 추진자와 매주 월요일 30분간 전화통화를 한다. 우리는 지난주 우리가 무엇을 해냈고 또 그렇지 못했는지 얘기하고, 덧붙여 다가올 한 주에 대해 나의 핵심 주안점, 영업 목표치, 그리고 실행 가능한 것들의 현재 상황 등에 대해 의견을 나눈다. 이런 나의 추진자와의 협업이 나에게 책임감을 안겨준다. 우리는 서로에게 성장 동력이 되고 발전을 견인하는 역할을 해주고 있다.

"당신 주위를 최소한 당신만큼 서두르고, 당신만큼 호기심이 있으며, 또 당신만큼 집중하는 사람들로 채우라." 세스 고딘Seth Godin의 말이다. 이 말에 기반해서 당신의 추진자를 찾아낼 수 있을 것이다.

당신의 상황은 어떤가?

• 5장에서 언급한 버트 키커들 중 추진자 체크리스트와 비교해보라.

- 무엇을 알아냈는가?

- 당신의 네트워크에 추진자가 있는가?

당신의 추진자

체크리스트

☐ 꾸물거림을 없애준다.

☐ 무에서 유를 만들어낸다.

☐ 발전 속도를 가속화한다.

☐ 세워 놓은 목표를 이룰 수 있도록 돕는다.

☐ 에너지와 집중력을 유지시킨다.

☐ 목표에 책임지도록 한다.

☐ 성장 동력을 만들어낸다.

☐ "자! 해보세요."라고 말한다.

체크포인트

☐ 그렇다, 나에게는 추진자로 적합한 인물이 있다.

5장에서 생각해낸 인물의 이름을 적어보라 : _____

☐ 그렇지 않다, 나는 추진자를 찾아야 한다.

누구에게 물어볼지 아이디어를 적어보라 : _____

4-12. 멘토

당신에게는 멘토가 필요하다. 그들은 조언을 해주고 길잡이가 돼준다. 멘토는 힘을 북돋아주고, 가능성을 제시하고 순수하면서도 심플하다.

음반 프로듀서인 퀸시 존스는 레이 찰스Ray Charles를 자신의 멘토라고 칭했고, 오프라 윈프리Oprah Winfrey[6]에게는 고(故) 마야 엔젤루Maya Angelou가 멘토였다. "그녀는 항상 나를 위해 그곳에 있어주었고, 내 인생의 가장 중요한 시기에 나를 인도해주었다. 멘토는 정말 중요하다. 세상에 멘토의 도움 없이 혼자서 일을 해내는 이는 없을 거라 생각한다." 오프라는 말했다.

세계적으로 가장 성공하고 유명한 명사들은 그들의 성공을 자신들의 멘토 덕분이라고 공을 돌린다. 멘토들은 확실히 당신의 경쟁력을 높인다.

이를 그냥 하는 말이라고 치부하지 마시라. 공식적인 멘토링 협약을 맺은 기업의 CEO 45명의 설문(〈하버드비즈니스리뷰〉, 2015년 4월)에 의하면, 그들 중 71퍼센트가 기업의 매출 성과가 향상되었다고 응답했다. 2014년의 조사에서는 187개 기업 가운데 멘토십을 연계한 소기업의 70퍼센트가 5년 이상 업계에서 살아남았다. 반면 멘토링이 없는 기업은 성공 확률이 그 절반에 그쳤다.[7]

공식적이건 비공식적이건 멘토는 당신의 성장과 성공에 지대한 영향을 미친다. 그들은 커리어 선택의 방향성을 제시하고 격려하며 제

---

6 웹진 〈증거에 기반한 멘토링 연대기Chronicle of Evidence-Based Mentoring〉, 제니퍼 메릴 Jennifer Merrill, 2016년 11월 7일자

7 〈비즈니스 와이어Business Wire〉, 'UPS스토어 사가 소기업 오너들을 위해 "멘토링의 달"을 만들다(The UPS Store Makes "Mentoring Month" Matters for Small Business Owners)', 2014년 1월 9일자

대로 나아갈 수 있도록 지혜를 안겨주고 영감받도록 한다.

보스턴에 위치한 시몬스대학교의 스테이시 블레이크-비어드Stacy Blake-Beard 교수는, 가장 좋은 멘토링 관계는 다른 점과 같은 점이 함께 공존하는 관계로, 각자가 '공통점은 공유하고 서로 다른 관점을 통해 배우는 관계'를 의미한다고 언급했다.

객관적인 멘토는 당신이 똑똑하고 이치에 밝은 의사결정을 하도록 돕는다. 그들은 당신에게 보이지 않는 위험요소에 대해 경고하거나 말썽거리가 될 만한 것들을 비켜 갈 수 있도록 보호해서 성장하도록 돕는다. 이런 방식으로 멘토링 관계는 당신에게 힘을 실어주는데, 이것이 바로 왜 멘토링이 높은 수준의 신뢰를 바탕으로 해야 하는지를 말해준다.

멘토는 아마도 당신보다 나이가 더 많거나 현명할 것이다. 그들은 당신이 이루고자 하는 일들은 이미 해봤거나 그 분야에 경험을 가진 인물이다. 만약에 당신이 이제 막 학교를 졸업했거나 아니면 직장 내 신입사원이라면 멘토의 역할은 매우 중요하다. 대개 직장의 업무와 책임 영역 그리고 직장 내에서의 처신과 행동거지 등은 학교에서 배웠던 것과는 매우 다르다. 좋은 멘토들은 당신 스스로 자신의 장점을 알아차려 부각하고 목표를 설정하고 업무의 복잡성도 잘 진행하도록 지원해줄 것이다.

제너럴 모터스General Motors의 CEO 메리 바라Mary Barra는 자신의 성공을 그녀의 커리어 전반에 걸쳐 도움을 주었던 멘토들의 공으로 돌렸다. 그녀의 얘기를 들어보자.

"멘토 네트워크를 만들고자 할 때는 자신의 중·장기 커리어 목표에 대해서, 그리고 자신이 얼마나 열심히 그 목표를 이루기 위해 기꺼이 일할지에 대해서도 솔직해야 한다. 그러고 나서 당신과 당신의 일을 잘 아는 이들에게 눈을 돌리라. 그들로부터 존중과 신뢰를 얻으라. 그러면 그들은 자신 있게 그들의 재능을 기꺼이 당신을 위해 쓸 것이며, 당신의 챔피언이 되어줄 것이다."[8]

전설적인 농구감독인 존 우든John Wooden은 2008년 9월 〈석세스 Success〉 잡지에 이렇게 기고했다. "개인은 멘토의 가르침을 받아들일 만큼 개방적인 마음가짐을 가져야 한다. 우리 주변 사람들이 우리의 삶과 정신을 어루만져 제대로 된 모양을 만들도록, 그래서 그것들이 강해지도록 기꺼이 허락하는 것은 우리의 사명이다."

당신의 상황은 어떤가?

• 5장에서 언급한 버트 키커들 중 멘토 체크리스트와 비교해보라.

• 무엇을 알아냈는가?

• 당신의 네트워크에 멘토가 있는가?

---

8 〈엔트레프레너Entrepreneur〉 지, 로라 엔티스Laura Entis, '5명의 비즈니스 리더가 말하는 멘토십의 힘(Famous Business Leaders on the Power of Mentorship)', 2015년 8월 6일자)

당신의 멘토

체크리스트

☐ 자신의 시간과 에너지를 당신과 당신의 성공에 투자한다.

☐ 당신의 분야에 어느 정도 지식을 가지고 있다.

☐ 자신의 경험을 당신을 돕는 데 활용한다.

☐ 당신이 존경하는 특징을 가지고 있다.

☐ 당신과 함께 다음 단계를 계획하며 행동한다.

☐ 당신의 개인적이거나 직업적인 선택에 조언을 해준다.

☐ 당신과 당신의 진로에 관심을 둔다.

☐ "앞으로 90일 동안 이 일을 해보자!"라고 말한다.

체크포인트

☐ 그렇다, 나에게는 멘토로 적합한 인물이 있다.

5장에서 생각해낸 인물의 이름을 적어보라 : ＿＿＿＿＿＿＿＿＿＿

☐ 그렇지 않다, 나는 멘토를 찾아야 한다.

누구에게 물어볼지 아이디어를 적어보라 : ＿＿＿＿＿＿＿＿＿＿

● 당신은 지금 어디에 와 있는가?

지금까지 둘러본 바가 어떠한가? 그래서 무엇을 알아냈나? 그 12명
의 주요 인물 중 당신의 네트워크 내에 어떠한 인물과 특성이 있으

며, 또 누가 빠져 있는가?

내가 의뢰인들과 같이 이 작업을 해 나갈 때면 그들은 자신이 그리는 네트워크가 자신의 성공에 도움을 줄 수 있는 네트워크와는 거리가 멀다는 사실을 재빨리 인식하게 된다.

하지만 걱정하지 마라. 이미 자신의 네트워크 안에 필요한 인물이 누구인지 인지하고 있는 것만으로도 당신은 유리한 위치를 선점하고 있다. 현실과 이상의 차이를 인지함으로써 당신이 찾아야 하는 인물이 누구인지를 명확히 알게 되는 것이다.

이제 당신은 상황의 주도권을 잡고 당신의 목표와 포부를 좀 더 빨리 이뤄줄 수 있는 올바른 사람들과 전략적으로 손을 맞잡으면 된다.

기억하라! 당신의 네트워크는 당신과 같은 사고를 하는 사람들로만 구성해서도 또 되어서도 안 된다. 진정한 다양성을 이루기 위해서는 이 12명의 주요 인물들이 분야, 경험, 성별 그리고 지역이 다르게 분포되어 있어야 한다. 이는 기존에 당신의 네트워크에 있는 몇몇 사람들에 대해 달리 생각해야 하고, 네트워크를 확장하기 위해서는 다른 인물을 찾아야 한다는 것을 의미한다.

당신에게는 12명의 특성을 대변해줄 단 한 사람씩만 있으면 된다. 한 명의 치어리더, 한 명의 인플루언서, 한 명의 탐험가 등등 말이다. 오직 이 방법만으로, 칼 융의 성격 유형이 말해주듯이, 적당한 균형을 이룰 수 있다.

특정한 역할을 충족하기 위해서 다른 인물을 찾아야 한다는 의미이기도 하지만, 반면 자신의 원래 네트워크 안에 인물을 정리해야 한다는 의미도 내포하고 있다. (특히 4장에서 나열한 15명의 인물에서 말이다. 기억하라! 당신은 12명을 목표로 하고 있다는 것을.)

앞 장에서 서술했듯이 당신은 네트워크 안의 있는 인물 중 한 가지 이상의 역할을 할 수 있는 인물을 찾을 수 있겠지만, 이런 경우 당신은 그 인물을 한 가지 역할에 한정하고 다른 역할에는 다른 인물을 찾아봐야 한다.

그리고 지금쯤 당신은 자신의 네트워크 내에 몇몇 인물들은 당신에게 전혀 도움이 안 된다는 사실을 인지하고 있을 것이다. 다음 장에서 우리는 당신의 네트워크를 좀 더 심도 있게 재정비해 불필요한 인물을 찾아낼 것이다.

Chapter 7
12명의 어둠의 세력 멀리하기

나는 엄청난 인맥을 갖추고 있으면서 업계에서 성공한, 성과 지향적인, 그리고 나와 내 일에 무한한 지원을 해주던 여성 상사와 함께 일한 적이 있다. 하지만 시간이 흐르고 내 성공과 네트워크의 영향력역시 성장하면서 그녀는 다른 태도를 취하기 시작했다.

효율적이던 회의는 점차 세부사항의 부정적인 면에 관한 성토장으로 변했고, 한때 열광적으로 환영받던 내 아이디어는 배제되기 일쑤였다. 내 개인적인 포부는 평가절하되고 무시되었다. 나는 확실히 그리고 지속적으로 내 안의 틀 속으로 다시 되돌아가는 느낌이었다. 한때는 나를 격려해주던 인물이 이제는 나를 속박하는 이가 돼버린 셈이다.

전략적인 네트워크란 단지 12명의 핵심인물을 갖추는 것만이 아니다. 올바른 12명의 인물과 함께하는 것이다.

5장과 6장에서는 4가지 핵심 유형, 즉 Core 4를 구성하는 12명의 주요 인물들과 자신의 연계 상황을 인지하는 법을 배웠다. 이들은 당신의 미래에 긍정적인 영향을 미칠 인물들이고, 또 공동체로 일해가며 당신이 더 멀리까지 발돋움할 수 있게 하고, 당신 혼자서 가는 것보다 더 멀리 닿을 수 있도록 해준다. 이런 사람들이야말로 당신의 네트워크가 반드시 갖춰야 하는 올바른 인물들이다.

　당신의 네트워크를 마치 당신의 아이라고 생각해보라. 사랑해주어야 하고 보살펴야 하고 키워주고 끊임없는 보호와 관심을 기울여야 한다. 부모는 아이들과 접촉하는 가장 최상의 위치에 자리하고 있고, 아이들이 잘못된 무리와 연결되지 않기를 바란다. 우리의 네트워크도 이와 같은 방식으로 생각하면 된다.

　좋은 일이 있으면 나쁜 일도 따라온다.

　물론 당신과 당신의 일을 지지하지 않는 사람들과는 교류하기를 꺼리겠지만, 문제는 그들의 부정적인 영향력이 즉시 나타나지 않아 그들의 실체를 처음에는 잘 모른다는 데 있다. 이를 알아차리는 것은 오직 시간과 경험으로, 당신을 위축시키는 지속적인 간섭 또는 당신이 추구하는 라이프스타일이나 본받고 싶은 사람들에게 어울리지 않는 행동을 당신이 인지하기 시작했을 때만 가능하다.

　쉽지 않을 수 있다. 하지만 당신과 당신의 결정에 미치는 어떠한 부정적인 영향력도 확실하게 없애겠다는 다짐은 당신에게 달려 있다.

　나는 매 12개월마다 내 꿈을 이루는 데 도움을 주는 사람들로 둘러싸여 있는지를 확인하기 위해 나의 12명의 네트워크를 재검토한다. 동시에 나는 모든 부정적인 영향력으로부터 계속해서 벗어나려 노력한다. 왜냐하면 나는 나 자신이 성장하고 긍정적인 삶을 살기를 원하는 사람들과 함께하기를 바라기 때문이다.

억만장자 사업가이자 자선사업가인 토니 로빈스Tony Robbins는 이렇게 얘기했다. "당신이 함께 시간을 보내는 사람이 당신이 앞으로 될 사람이다. 자신이 좀 더 높은 수준을 가진 사람들에게 둘러싸이도록 의식적으로 선택해서 인생을 변화시켜라."

자신의 네트워크에서 누구를 퇴출할지 아는 것이 누구를 남길지 아는 것만큼 중요하다.

우리 중 다수는 매번 같은 사람들과 접촉하며 안전지대에서 머무르려고 하거나 아니면 '오랫동안' 알고 지냈다는 이유만으로 그냥 그들과 관계를 유지하며 지내려고 한다. 우리에게서 에너지, 영감 그리고 성장 동력을 빼앗아가는 이들과도 개인적인, 직업적인 친분이 있다는 이유만으로 그냥 참고 지낸다.

하지만 지금 당신은 그런 부정적인 인물들이 누구인지 의문을 가질 기회를 가졌다!

현자는 이렇게 얘기했다. "사람들이 당신의 인생에 다가오는 데는 이유가 있는데, 그냥 한 계절일 수도 아니면 한평생일 수도 있다. 어떤 경우인지 알면 그 각각의 사람을 어떻게 대할지 알게 된다." 이것이 바로 지금 우리가 풀어내려는 것이다.

● 성공은 이기적이지 않다

네트워크 내의 누군가를 배제한다는 생각이 아마도 당신을 매우 불편한 기분에 들게 하거나 심지어는 철저히 자기중심적인 사고라고 생각할지도 모른다. 자기 자신을 최우선 순위에 둔다는 생각과 (두 번째나 세 번째도 아니고 맨 마지막은 더더욱 아닌) 성공으로 가는 개인의 여정에 동참할 인물을 고르는 것에 전략적으로 행동하는 것이 우리를 기분 좋게도, 혹은 불쾌하게 만들기도 한다.

하지만 이 사실을 기억하라! 당신의 네트워크는 당신의 성장을 위한 것이지 당신의 어머니나 당신의 상사 아니면 당신의 이웃을 위한 것이 아니다. 당신이 앞 장에서 알아낸 12명의 핵심인물과 특성은 당신을 더 크게 만드는 데 도움이 되기 위해 존재한다. 이는 다른 그 누구의 것도 아닌 오직 당신의 성공과 성취를 위한 것이다. 당신이 삶에서 성공 – 그리고 행복 – 을 원한다면 당신은 올바른 무리와 함께해야 한다.

<u>의식적이건 무의식적이건 당신의 성장과 성공에 방해가 되는 사람들과 같이 있는 것은 미친 짓이다!</u>

자, 다시 한번 자신의 네트워크를 자세히 살펴보고 아래 보기의 인물이 속해 있는지 자문해보라.

- 당신을 힘 빠지게 만든다.
- 당신이 자신의 능력에 의구심이 들게 만든다.
- 자신만의 아이디어는 없어 보이면서 언제나 당신의 의견에는 찬

성한다.

- 늘 모든 상황에서 부정적인 면을 본다.
- 당신을 수세에 몰리게 한다.
- 당신의 의사결정과 하고 싶은 일을 망설이게 만든다.
- 항상 자신의 얘기만 할 뿐 당신에게는 거의 관심을 두지 않는다.
- 당신의 의견이나 아이디어를 자신의 것으로 취한다?

이제 스스로 주도권을 쥐고 자신의 꿈, 목표 그리고 포부를 가질 때다. 이제 당신이 무엇을 하고 싶은지 뿐만 아니라 어떤 인물이 되고 싶은지 또한 생각하고, 개인적으로나 직업적으로 당신의 오늘과 당신의 내일을 그려야 할 때다.

당신의 페이스북 친구를 가려내거나 아니면 숙모에게 전화해 이제 다시는 만나지 못하는 이유를 설명하라는 얘기가 아니다. 또한 "너는 이제 내 네트워크에서 아웃이야!"라고 말하라고 권하는 것도 아니다. 그보다 이 작업은 당신의 내부 조직에 어떤 인물이 있기를 희망하는지, 그리고 누가 당신과 당신의 여정을 응원하지 않는지를 알아가는 과정이기 때문에, 당신이 그들에게 실제로 입 밖으로 이야기할 필요는 없다.

일단 당신의 발전을 방해하는 부정적인 사람들을 찾아내고 나면 그들에게 얼마만큼의 시간을 할애할지 정하면 된다. 당신은 테두리를 치고 당신의 시간을 정해서 당신의 에너지에 미치는 그들의 부정적인 영향력을 관리하면 된다. 바로 그때 당신은 진정으로 빛나기 시작하고 성공을 가속화할 수 있다. 3장에서 언급했듯이 네트워크의 12

명의 주요 인물이 집단적인 힘을 발휘하게 된다.

"부정적인 사람들은 당신의 에너지를 빼앗는다. 당신 주변을 사랑과 풍요로 채우고 적대감이 접근하지 못하게 하라." 디팩 초프라 Deepak Chopra의 말이다.

● 누가 당신이 하는 일을 방해하는가?

12명의 전략적인 네트워크를 구축하는 목적은 당신에게 도움을 주기

[그림 7.1] 12명의 어둠의 세력들

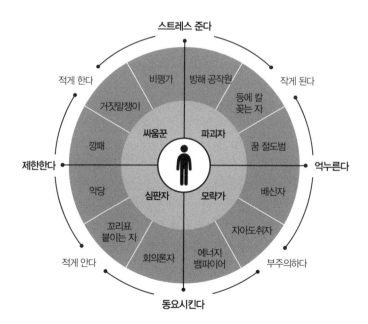

위해서지 방해하기 위해서가 아니다. 하지만 주변에 숨어서 당신의 가능성을 제한하고 목표와 성공에 걸림돌이 되는 12가지 유형 - 어둠의 세력 - 도 존재한다. ([그림 7.1])

• 파괴자 - 당신이 부족하기를 바란다.

1. 방해 공작원

2. 등에 칼 꽂는 자

3. 꿈 절도범

• 모략가 - 당신이 주의 조심하기를 바라지 않는다.

4. 배신자

5. 자아도취자

6. 에너지 뱀파이어

• 심판자 - 당신이 많이 알기를 바라지 않는다.

7. 회의론자

8. 꼬리표 붙이는 자

9. 악당

• 싸움꾼 - 당신이 능력을 발휘하길 바라지 않는다.

10. 깡패

11. 거짓말쟁이

12. 비평가

이제 이들이 누구인지 자세히 들여다보자.

1. 파괴자

받아들이기 어렵겠지만 세상에는 당신이 잘되길 바라지 않는 부류의 사람도 있다. 그들은 당신이 지금 이대로, 있는 그대로 유지하길 바란다. 이런 파괴자들은 헛소문이나 퍼뜨리는 자들로, 대개 당신이 그들을 앞지르거나 더 성공할까봐 두려워하는 사람들이다. 그들은 당신이 현재 위치에서 현상 유지하길 바라며 '더 우월해지기를' 원치 않는다. 가끔 이러는 데는 전략적인 이유가 있을 수도 있지만(아마도 당신을 경쟁자로 여기고 있다면), 다른 이유로는 그들 스스로도 자신이 당신의 성공을 방해하는 줄 모르고 있는 경우이다.

1-1. 방해 공작원

방해 공작원은 일부러 그리고 대개 개인적인 이득을 위해 당신의 성공을 방해하거나 해를 입힌다. 때때로 당신의 아이디어를 갈취해 달아나기도 한다. 그들은 엄청나게 많은 질문을 해대며 당신과 일대일로 시간을 가지는 것을 즐기면서 당신이 말하는 아이디어를 가로채고, 그렇게 훔친 지식을 자신이 이기는 데 쓰기도 한다.

아첨의 가장 진지한 형태가 모방이긴 하지만, 우리는 이를 삼켜야 하는 쓰디쓴 약이라 생각한다.

아마도 당신은 아이디어를 가지고 있거나, 아니면 미팅이나 친구들 모임에서 의견을 제시하거나, 심지어 새로운 제품 소개나 서비스

제안 등을 하고 난 후, 당신의 방해 공작원이 마치 그것이 자신의 의견인 양 열변을 토하는 장면을 본 적이 있을 것이다.

당신이 본인의 커리어나 비즈니스 진로를 결정하고 매일 열심히 일하며 새로운 아이디어의 결실을 맺기 위해 쉼 없이 혁신하고 있을 때, 누군가가 당신의 일과 재능에 무임승차하는 것을 본다면 굉장히 참담할 것이다. 당신이 이런 일을 허용하기 때문에 벌어지는 일이다.

1-2. 등에 칼 꽂는 자

이들은, 당신의 등에 칼을 꽂기 전까지는 당신이 대개 친구라고 생각하는 사람들이다.

〈시드니모닝헤럴드Sydney Morning Herald〉(2014년 9월 24일자)에서 실시한 링크드인 설문조사에 의하면, 24세 이하의 설문자 중 50퍼센트가 넘는 이들이 자신이 앞서갈 수 있다면 직장 동료를 기꺼이 배신할 수 있다고 대답했다. 같은 기사에서 보이스VOICE 심리학회의 선임 심리학자와 브리즈번의 연합 심리학회의 보고서를 보자.

> "보고서가 형편없다는 이유로 상사로부터 호되게 질책을 받은 한 의료계 종사자는, 자신을 질책했던 바로 그 상사가 자신이 제출한 그 보고서에 본인의 이름을 기재하고는 마치 그것이 자기가 만든 보고서인 것처럼 통과시켰다는 사실을 알게 되었다."

이런 일들은 언제나 벌어지고 있다. 나 역시 과거 이런 경우를 수없이 목격했다. 동료와 고객들은 자신의 실망감을 얘기해줬고, 다른 사람이 자신의 보석 디자인이나 마케팅 아이디어 또는 심지어 인터넷 블로그를 마치 자신의 것처럼 미디어에 판매한 경험을 상처와 절망감으로 토로했다.

1-3. 꿈을 훔치는 자

꿈을 훔치는 사람들은 당신의 가능성, 포부 그리고 자기 확신을 다 빨아들인다. 그들은 대부분 정수기 근처나 사무실 탕비실에서 어슬렁거린다. 그들은 친구이거나 동료, 심지어는 가족으로 순전히 당신을 보호하려 든다. 당신은 그들의 가슴속에 당신의 최대 관심사를 염두에 두고 있다고 생각하지만, 실상 그들은 당신의 꿈과 야망에 대해 의구심으로 가득하다.

그들은 당신의 포부에 대해 건설적인 아이디어를 거의 내놓지 못하는데, 왜냐하면 그들은 당신이 향하고 있는 여정을 제대로 이해하지 못하고 있거나 아니면 그럴 마음이 없기 때문이다. 응원과 격려 대신에 그들은 지금 당신이 하려고 하는 일은 성공하지 못할 거라고 설득하기 위해 머릿속에는 온통 부정적인 혼잣말뿐이다.

2. 모략가

학창 시절에 한 친구가 당신에게 무척이나 호의적으로 행동했지만 실제로 뒤에서는 당신을 깎아내린 경험이 있는가? 안타깝게도 이런 청소년기 시절의 미숙한 마음가짐이 다 큰 어른을 지배하기도 한다.

이런 평가절하자들은 내재해 있는 당신의 에너지를 꼼짝 못 하게 만들고, 당신으로 하여금 끊임없이 스스로를 방어하게 만들거나, 당신의 행동을 정당화하는 데 애쓰게끔 만든다. 그들은 자기 자신과 오로지 자신이 낄 자리에만 관심을 집중하고 있어서 당신의 커리어나 목표는 안중에도 없다. 아마도 운동장이야말로 땅 파는 사람들에게 (Underminer, 땅을 파는 사람, 여기서는 서서히 해를 끼치는 사람을 의미한다. _ 옮긴이 주) 가장 적합한 장소가 될 법하다.

2-4. 배신자

말과 행동이 일치하지 않는 사람으로 인해 당신이 대가를 치러야 했던 경험이 있는가?

오늘날 협력하는 사고는 성공으로 가는 열쇠가 되지만, 어떤 이들에게는 - 예를 들면 배신자들 - 여전히 그렇지 않고 세상을 경쟁으로만 여긴다. "여긴 내가 춤추는 구역이야! 네가 내 발을 밟는다면, 나는 너를 더 세게 밟아줄 거야!"

아마도 당신은 그들과 비밀이나 아이디어를 나눈 후 그들이 다른 이들에게 바로 발설하거나, 아니면 늘 당신을 뒷받침해주고 당신의 가장 친애하고 충실했던 지지자가 하루아침에 완전히 그 반대로 돌아섰던 일이 있었을 것이다. 이런 식의 배신 행위는 당신의 자존감과 자신감에 큰 상처를 준다. 두 얼굴의 위선자들에게선 과감히 돌아서라.

2-5. 자아도취자

자아도취자에게는 오직 한 가지 관심거리만 있을 뿐이다. 자신의 파워를 지키는 일. 그들은 자신에 대해 과장된 자만심을 가지고 있으며, 자신이 준 것보다 더 많은 것을 가지려 하고, 또 자신만이 모든 일의 해결책을 가지고 있다고 믿는다. 그들은 이러한 사실에 대해 그 어떤 이의도 제기되길 원치 않는다. 그들에게서 공감 능력, 죄책감 또는 후회의 감정이란 찾기 힘들다.

이런 자기 우월적인 성향은 당신을 기죽게 하고 당신의 자신감마저 해친다. 그들과 나누는 대화는 대개 토론이나 말싸움으로 끝맺기 일쑤고, 그들이 하는 말이나 행동 대부분은 자신이 하고 싶고 원하는 것이고, 자신의 자아를 끌어올리고 다른 이들은 다 열등하다고 취급한다.

〈오스트레일리아우먼즈위클리Australian Woman's Weekly〉(2016년 9월 30일자)에 실린, 하트센터The Hart Centre의 수석 심리학자이자 디렉터인 줄리 하트Julie Hart의 인터뷰에서 그녀는 이렇게 얘기했다. "큰 폭의 정도 차이는 존재하지만, 전체인구의 최대 15퍼센트는 일정 정도의 나르시시즘을 안고 있다고 말할 수 있습니다." 세상에나!

2-6. 에너지 뱀파이어

소위 네거티브 네빌Negative Neville 또는 데비 다우너Debbie Downer(미국 SNL 코미디 프로그램에 등장하는 인물로 매사에 불평만 하는 사람 _ 옮긴이 주)라고 불리는 에너지 뱀파이어들은 절대로 긍정적인 얘기를 하는 법이 없다. 그들은 늘 남 탓을 하고 자신의 행동이나 태도에 책임지기보다는 자신이 처한 상황에 대한 변명거리를 늘어놓는다.

로브 크로스Rob Cross와 로버트 J. 토머스Robert J. Thomas의 보고서 '자신을 관리하기 : 네트워크를 위한 현명한 방법(Managing yourself : A smarter way to network)'(《하버드비즈니스리뷰》, 2011년 7월)에서 그들은 에너지를 잠식시키는 관계가 힘을 북돋는 관계보다 7배 강한 영향력을 발휘하고 있고, 직장에서 발생하는 90퍼센트의 거정거리는 단지 5퍼센트의 사람이 맺고 있는 네트워크에서 생긴다고 발표했다. 당신 네트워크 내에 이런 어둠의 12명 유형이 당신의 에너지를 빨아먹는 뱀파이어가 된다.

이러한 사람들과 함께 시간을 보내는 것은 당신의 목표와 열정에 일격을 가하는 것이고, 성장 동력을 약화시키고 기분을 가라앉게 하고 심지어 우울하게 만들기도 한다. 만약 그들이 못 해내는 걸 당신이 해냈다면? 그들은 이런 핑곗거리를 주절거릴 것이다. "글쎄 너에겐 시간도 인맥도 수천 명의 추종자도 돈도 도와줄 사람들도 경험도 그리고 여건도 되겠지. 이런 것들이 나에게는 없지만 말이야."

3. 심판자

누군가가 당신과 당신이 하는 일 전부를 계속해서 평가한다고 느낀 적이 있는가? 이런 부류의 무례한 사람들 역시 부정론을 키우고 당신뿐만 아니라 네트워크 안의 모든 이들을 평가하려 든다. 그들은 당신의 목표와 포부를, 그리고 당신의 성과나 성공도 심판한다. 이런 행위는 당신의 성장, 지식, 통찰과 이성에 걸림돌이 되기도 하거니와 의구심과 불안전성을 불러오는 것 이외에 어떤 목적도 없고 당신의 발전마저 가로막는다.

3-7. 회의론자

회의론자들은 당신이 너무나 많은 것을 이루기 전에 끌어내리고 싶어 한다. (그들 자신도 함께하는 경향이 있다.) 그들은 당신의 아이디어에는 어떠한 장점도 없다고 믿고 있고, 당신의 내적인 두려움을 키우고 당신의 걱정거리와 스트레스에 혼란을 가중시킨다. 그리고서는 옆에 비켜 서서 지켜보고 기다리다가 "내가 뭐라고 했어?"라고 말하는 것을 즐긴다.

설상가상으로 우리의 몸과 마음은 그런 날카로운 공격을 참고 견디려고만 한다. 우리의 자기 확신은 온갖 혹평을 받아들이면서 점차 변질되고, 대신 자기 비난과 부정적인 혼잣말이 떡하니 비집고 들어와 급기야 우리를 꼼짝 못 하게 만든다.

당신과 당신의 아이디어에 대한 회의론자들의 의견을 수렴하는 것은 그들에게 가당찮은 가치를 부여하는 것이다.

3-8. 꼬리표 붙이는 자

소위 꼬리표 붙이는 자들은 당신을 틀에 몰아넣고 정갈하고 작은 이름표를 붙여주면서 당신의 한계를 정해준다. "너는 너무 신참이니까.", "당신은 이 분야에서 일해본 적이 전혀 없군요.", "당신이 너무 바쁜 엄마라서요. (즉, 이런 일은 할 수 없겠군요.)" 등등. 그러면서 당신이 이런 틀 안에 맞거나 그들이 붙여준 그 꼬리표가 딱 들어맞을 때만 그런 사실에 감사해하면서 응원한다. 그 외의 경우라면 당신은 그들에게 '실망'만 안겨줄 뿐이다.

1981년 한국인 장도원 씨[9]가 처음 미국에 도착했을 때, 이민자와 저임금 노동자라는 틀을 씌우려 했던 사람들의 얘기를 순순히 듣고 따랐다면 어땠을지 상상해보라. 이민 초기 그는 가족의 생계를 책임지기 위해 청소부, 주유소 점원 그리고 커피숍에서 일하는 세 가지 직업을 가졌다. 1984년 그는 자신을 가뒀던 그 틀에서 벗어나 생애 첫 의류상점을 개업했다. 현재 포에버21Forever 21 사는 전 세계에 480여 개의 매장을 둔, 여전히 그의 가족 소유의, 연간 미화 30억 달러 매출을 달성하는 세계적 의류기업으로 거듭났다.

3-9. 악당

악당은 네트워크 안에서 의도적으로 악의적이고, 권력, 욕심, 질투 등에 눈멀어 있는 인물이다. 그들은 일부러 당신과 주변인들에게 논쟁, 방해 공작, 문제를 일으킨다.

그들의 까칠한 성품과 야비한 행동은 당신의 스트레스를 더하고 혈압을 오르게도 하며 결과적으로 당신의 성과에도 영향을 미친다. 그들은 당신이 일을 처리해내는 데에 상당한 어려움을 주기도 한다. 게다가 비열한 방식으로 행동하는가 하면 뒷담화 전문이고 당신을 조종하는 신공을 발휘하기도 한다.

하지만 윈스턴 처칠Winston Churchill은 말했다. "적이 있는가? 잘됐군. - 그것은 자네가 인생에서 무엇인가를 지지한다는 의미니까." 이 경

---

9 〈비즈니스 인사이더Business Insider〉, 매들린 스톤Madeline Stone, '비즈니스 업계에서 가장 인상적인 인생역전을 이룬 9명의 이야기(9 of Most Inspiring rags-to-riches stories in business)' 2015년 10월 25일자

우에는 당신이 지지하는 무언가가 바로 당신의 성공이라는 사실을 스스로 잘 인지하고 있다는 뜻이다.

4. 싸움꾼

싸움꾼들이 하는 일이라고는 당신의 성공의 모든 단계에서 시비를 거는 것이다. 그들은 당신 기죽이기 작전으로 당신을 멈칫거리게 한다. 그들은 자신이 못하는 것을 당신이 해내는 모습을 보기 싫어한다. '감히 너 따위가 그런 포부와 야심을 가지다니! 너 따위가 무례하게 집중력, 성실성, 추진력과 결단력을 가지다니! 그런 생각일랑 네 머릿속에서 떨쳐내고 나와 함께 지금 이대로 변치 않고 지내자.'라고 생각한다.

4-10. 깡패

깡패는 모든 점에서 당신과 싸우려고 들고 당신에게 더이상 희망이 남아 있지 않다고 느낄 때까지 당신의 정신력을 파괴한다. 대개 그들은 우호적인 경쟁자의 모습처럼 위장한다. 그들이 당신을 위협하거나 심지어는 창피하게 만들기 전까지는 그렇다.

그들은 당신을 고분고분하고, 부족하고, 자신의 의견조차 없는 사람처럼 느끼게 만든다. 대화, 미팅 그리고 행사에는 당신을 배제한다. 때로 그들은 가학적으로 변하기도 한다. (언어적으로나 신체적으로)

어떤 형태의 괴롭힘이든 어린아이가 뛰어노는 놀이터에서부터 회사의 회의실까지 현재 전 세계적으로 심각한 이슈로 떠오르고 있다. 2011년 '몬스터 글로벌 설문 투표Monster Global Poll Survey[10]'에서 16,517명의 참가자 중에 64퍼센트가 직장에서 괴롭힘을 당하고 있다고 응답했다. 호주 생산성 위원회에 의하면 직장 내 괴롭힘으로 대략 60억에서 360억 호주 달러(약 4조 8000억 원 ~ 28조 8000억 원) 규모의 비용이 발생한다고 발표했다.

4-11. 거짓말쟁이

누가 당신에게 진실을 말하는가? 또 누가 자신만의 편의를 위해 의도적으로 거짓말하는가? 거짓말쟁이는 일부러 중요한 정보를 당신에게 숨기는데, "이 사진에서 내 엉덩이가 너무 크게 보이지 않니?" 정도의 대답을 구할 때 하는 거짓말 정도가 아니다.

가끔 그들이 당신의 프로젝트에 도움을 주기도 하지만 절대로 정보를 주지는 않는다. 아니면 당신이 새로운 직장을 구하는 데 도움을 줄 만한 인물을 소개해주거나 소개받는다 하더라도, 그 사람과 연락이 닿는 일은 불가능하다. 그들이 당신을 새로운 역할이나 직장에 투입시키지만, 아무리 당신이 열심히 해도 그 후에 진척되는 일은 하나도 없다.

늘 변명이 난무하고 핑곗거리가 없으면 침묵한다. 이런 일이 결국 실망과 낙담을 낳는다. 거짓말쟁이들의 '매달아 놓은 당근'이 당신의 비즈니스 계약에 영향을 주고, 커리어의 성장을 위축시키며, 당신의

---

10 〈매니지먼트 이슈Management Issues〉, 엘렌 코브Ellen Cobb, '직장 내 괴롭힘 : 전 세계적 관찰 (Workplace bullying : a global overview)', 2011년 7월 8일자

인간관계와 개인적인 명성에도 큰 해를 입힌다.

4-12. 비평가

비평가들은 당신이 일을 시작하기도 전부터 당신의 목표, 계획, 아이디어, 생각 그리고 행동을 가로막는다. 그들은 당신의 계획을 신랄하게 비평하고, 당신의 머리를 근거도 실체도 없는 온통 부정적인 난센스와 의견들로 가득 채운다.

그들은 성공이란 무엇이며, 인생은 어떻게 살아야 하고, 비즈니스는 어떻게 하고, 커리어는 이렇게 구축하라는 식의 강렬한 아이디어를 가지고 있지만, 당신이 그들과 다르게 생각하거나 동감하지 않으면 당신에게 관심도 보이지 않는다. 그들은 자기 방식대로가 아니라면 상관도 안 한다.

당신 스스로 자기 자신을 강하다고 생각하는지는 그리 중요하지 않다. 결과적으로 비평가들이 끊임없이 쏟아내는 비판적인 평가들이 당신을 무기력하게 만들 것이다. 그들에게 당신이 더이상 '해볼 만한 적수'가 아니라고 생각이 들 때까지 말이다.

당신의 상황은 어떤가?

- 이 장의 도입부부터 12명의 어둠의 세력까지 읽으면서 당신은 무엇을 깨달았나?
- 당신의 네트워크 또는 당신의 측근 중에 얼마나 많은 파괴자, 모

략가, 심판자 그리고 싸움꾼이 있나?

- 지금 당장 당신의 네트워크에 누가 있는지 다시 상기해보고 재평가해보라.

- 6장에서 찾아낸 12명의 주요 인물 중에서 어둠의 세력의 특성과 부합되는 인물이 있는가?

- 당신이 그들과 결별하고 당신의 성공을 앞당겨줄 수 있는 그 역할에 적합한 다른 인물을 찾아야 하는가?

12명의 어둠의 세력 체크리스트

- 파괴자
☐ 방해 공작원
☐ 등에 칼 꽂는 자
☐ 꿈을 훔치는 자

- 모략가
☐ 배신자
☐ 자아도취자
☐ 에너지 뱀파이어

- 심판자
☐ 회의론자
☐ 꼬리표 붙이는 자

☐ 악당

• 싸움꾼
☐ 깡패
☐ 거짓말쟁이
☐ 비평가

● 당신의 네트워크를 다듬어라

남들이 당신을 좌지우지하는 영향력에 주의를 기울이는 것은 중요하다. 왜냐하면 이런 자각과 이해가 중요한 선택에 영향을 주기 때문이다.

자신의 네트워크에 있는 주요 인물들에 대한 주도권을 쥐고 책임의식을 가질 것인가? 앞서 언급한 바와 같이 이는 왜 당신의 절친이 당신의 네트워크 내에 함께할 수 없는가를 얘기하는 것이 아니다. 그보다는 테두리를 설정, 인지하고 당신이 가고자 하는 곳에 도달할 수 있도록 조력해주는 사람들을 찾는 과정이 되어야 한다.

당신의 게임을 자신이 원하는 방식으로 하도록 선택하라.

당신이 살고 싶은 삶을 살도록 선택하라.

당신의 에너지, 마음가짐 그리고 성장 동력을 주도하도록 선택하라.

"당신의 포부를 얕보는 사람들을 멀리하라. 소인배들은 사람을 무시한다. 하지만 진정으로 훌륭한 사람들은 당신 역시 훌륭해질 수 있다고 느끼도록 한다." 마크 트웨인Mark Twain의 말이다.

과감히 자신의 네트워크 안에 있는 사람들을 다시 점검해보고 당신의 생각, 비즈니스 그리고 꿈에 가치를 더해줄 다양한 네트워크의 촉진자, 정비담당자, 선생님, 버트 키커를 찾아보라. 이들이야말로 당신을 도와주고 지지해줄 사람들이며, 당신의 개인적인 인생 여정에 길잡이 되어줄 뿐만 아니라, 당신이 향하고 싶은 그 방향으로 올바르게 전진하는지 확인해줄 것이다.

지금 당신에게 필요한 것은 효과적이고 전략적인 네트워크를 구축하는 기술을 마스터하고, 그것이 '제대로 작동하게 할' 도구들이다. 바로 PART III에서 다룰 내용이다.

PART III

HOW

이제 당신은 여기까지 오면서 성공으로 가는 비밀 – 12명의 주요 인물과 그 특성 – 을 알게 되었다.

당신의 촉진자, 정비담당자, 선생님, 버트 키커가 당신이 목표를 향해 가도록 밀고 당길 것이고, 못살게 굴기도 하고, 현재 상태를 넘어서 더 멀리 뻗으라고 격려도 하고, 예전에는 엄두도 못 냈던 일들을 이루도록 도움도 줄 것이다.

바라건대, 당신의 네트워크에 이미 5장과 6장에 언급된 역할을 담당할 인물들로 채워져 있기를 바란다. 하지만 PART II를 거치며 차이점들을 알아차렸을 것이고, "아하!" 하고 당신을 혼란스럽게 했던 당신 네트워크의 문제를 해결해줄 어떤 인물을 찾아야 할지 깨달았을 것이다.

예컨대 당신 네트워크의 어떤 이가 12명의 어둠의 세력 중 한 명 같은 행동을 하고 있다면 그를 퇴출해야 할까? 치어리더, 교수, 멘토나 균형자를 찾아야 하나? 등의 성찰이다.

이번 파트에서 우리는 이러한 공백을 어떻게 메울지 살펴볼 것이다. 전략적이고 스마트한 네트워크를 가동하기 위해서 당신에게 필요한 장치들을 탐구할 것이다.

네트워킹 행사를 전전하거나 가상의 인맥들로는 성공까지 도달하기 힘들다. 사실상 이는 당신이 해왔던 모든 중대한 성과를 망치는 위험에 처하게 만들기도 한다.

그래서 당신 스스로 자신의 성향과 자신의 목표, 무엇을 그리고 왜 추구하는지에 대해 매우 명확하게 정의한 후, 자신의 교류가 꾸준하면서도 의미 있는지 확인해야 한다.

그러기 위해서는 아래의 세 가지 핵심 단계를 거쳐야 한다.

1. 선택하기 – 당신의 목표는 무엇이고 왜 네트워킹을 하는가? 8장에서는 자신의 성향을 파악하여 자신에게 도움이 될 만한 네트워크를 어떻게 형성할지 살펴볼 것이다.

2. 교류하기 – 당신은 어떤 올바른 방식으로 교류하고 있는가? 9장에서 알아보자.

3. 육성하기 – 남들에게 어떤 가치를 제공할 수 있는가? 진짜 프로처럼 네트워킹할 수 있는 비밀을 파헤칠 것이다.

자, 그럼 시작해보자!

Chapter 8
누구, 무엇, 그리고 왜를 선택하라

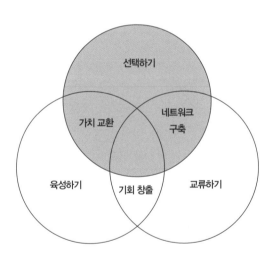

고전 영화 '오즈의 마법사'에서 수줍은 시골 소녀 도로시는 그녀의 단
짝인 강아지 토토와 함께 토네이도에 휩쓸려 그녀의 캔자스 집에서
오즈의 나라로 간다. 영화에서 그들의 목표는 무사히 집으로 돌아오

는 것으로 '노란 벽돌 길을 따라' 에메랄드 도시로 가서 자신들을 집으로 보내줄 마법사를 찾는 것이다.

길을 따라가며 그들은 '뇌가 있기만 하면' 모든 것이 완벽할 거라고 믿는 허수아비를 만나고, '심장을 원하는' 양철 나무꾼과 '용기가 절실한' 겁쟁이 사자를 만나게 된다.

모험을 감행한 무리는(도로시와 Core 4) 마침내 서쪽에 있던 사악한 마녀를 물리치고 에메랄드 도시에 도착해 마법사를 만난다는 기쁨에 들떠 있었다. 그 마법사가 신비한 데라고는 찾아볼 수 없는 그냥 평범한 노인이라는 사실을 알기 전까지는 말이다. 하지만 그 가짜 마법사는 그들의 예상대로는 아니었지만, 약속을 지킬 수 있었다. 허수아비에게는 학위를 수여했고, 양철 나무꾼에게는 심장 모양의 시계를, 사자에게는 용기를 나타내는 메달을 걸어주었고, 도로시에게는 풍선을 타고 집까지 날아가는 기회를 주었다.

그렇다면 지금 내가 이 이야기를 들려주는 이유는 뭘까?

우리가 자신의 인생 여정에 놓인 노란 벽돌길을 따라 걷다 보면 자신에게 부족한 것에 대한 변명을 끊임없이 늘어놓는다. 'OO만 하다면……'이라는 생각이 우리를 우리의 꿈으로부터 멀어지게 만든다. 사실 우리는 자신 안에서 무엇을 찾고 있는지 이미 알고 있다. 자신을 있는 그대로 – 자신의 강점과 약점 그리고 장점과 단점 역시 – 받아들이냐의 문제이다. 그것이 바로 정답이다.

작가 매리앤 윌리엄슨^{Marianne Williamson}은 이렇게 언급했다.

"우리가 안고 있는 가장 큰 두려움은 자신이 부족하다는 것이 아니다. 가늠할 수 없을 만큼 자신이 강하다는 사실이 우리는 두려운 것이다. …… 편협한 행동은 세상에 전혀 도움이 되지 않는다. …… 자신이 빛나서 세상을 밝히게 되면, 무의식 중에 남들에게도 똑같이 하라고 허락하는 것이다."

자신이 어떤 사람이고 자신의 네트워크가 무엇을 추구하는지 그리고 답례로 무엇을 환원할 수 있는지에 대해 분명히 하는 것이 효율적인 네트워크를 위해서, 또한 개인 커리어 발전과 자기계발에도 중요하다. 올바른 사람들과 효과적인 네트워크를 구축하기 위해 당신은 아래와 같이 해야 한다.

- 목표와 꿈을 설정해서 그것을 이룰 수 있도록 올바른 결정을 내리고, 그에 맞는 올바른 사람들을 만나도록 한다.
- 자신의 가치를 이해하며 꾸준히 말한 것들을 행동으로 옮긴다.
- 자신의 강점을 인지하여 나눈다.
- 자신의 부족한 점을 인정하여 도움을 구한다.
- 자신을 있는 그대로 드러냄으로써 진정성 있고 진실해진다.

당신은 자신에 대한 포부와 당신의 인생과 커리어에서 무엇을 이루고 싶은지에 대한 주도권을 가져야 한다.
모멘텀으로 향하는 목표들에 "예스!"라고 말하라. 그리고 자신이 누구이고 또 어떤 사람이 되고 싶은지 역시 인정하고 "예스!"라고 외치라.

● 자신을 받아들이고 목표를 분명히 하기

효율적인 네트워크를 구축하기에 앞서 당신은 자신의 목표와 포부가 무엇인지, 그리고 그것을 이루기 위해 다른 이들이 어떻게 당신을 도와줄 수 있는지, 또 보답으로 당신이 그들에게 어떤 도움이 되는지를 아주 명확히 해야 한다.

당신이 네트워크 내에 있는 12명의 핵심인물에게 어떠한 역할을 해줄 수 있는지도 고려해볼 만하다. 그들에게 무엇을 제공해줄 수 있는가? 당신이 다른 사람들에게 각기 다른 시기에 다른 의미가 될 수 있다는 사실을 알게 될 것이다. 그래서 이런 재평가는 자신의 네트워크를 자주 재정비하는 것만큼 중요하다.

스스로에게 아래와 같은 질문을 해야 한다.

- 나의 어떤 강점과 기술을 대화에 활용하는가?
- 나의 부족한 점은 무엇인가?
- 나는 무엇에 열광하는가?
- 사람들을 위해 나는 어떤 문제를 해결할 수 있는가?
- 나는 왜 네트워크를 원하는가?
- 궁극적으로 나를 위한 비전은 무엇인가?
- 바로 지금 나는 무엇을 이루고 싶은가?
- 내 목표를 이루기 위해 어떠한 도움과 지원이 필요한가?
- 현재의 나는 12명의 핵심인물과 특성 중에서 어느 유형이 될 수 있고, 누구에게 도움이 될 수 있는가?

자기 자신을 위하고 자신의 비즈니스와 커리어를 위한 꿈과 비전은 당신에게 속해 있고 오롯이 당신 혼자만 소유할 수 있다. 그러므로 무엇보다 자신을 믿어라. 자신의 고유한 이미지 – 누구이고 무엇을 그리고 왜 하고 있는가? – 에 대한 명확성을 띠는 것이 당신에게 도움되는 네트워크 구축을 가능하게 해준다. 더불어 신념 있는 네트워크를 꾸리는 데 자신감을 길러주며, 더 중요하게는 중대한 가치를 교환하는 능력을 향상시킨다.

자기 자신을 인정한다는 것은 다른 사람들을 돕는 데 자신의 강점과 기술을 나누는 법을 배우며, 동시에 자신의 부족함을 인지해 도움을 받아들이는 것을 의미한다. 이는 자신을 그 자체, 있는 그대로 받아들이고, 말한 것을 꾸준히 실천하려는 용기 있는 행동이다. 자기 자신과 자신의 부족한 부분을 인정해서 자신의 한계를 넘어서는 것을 배우고, 부정적인 생각이 자신을 지배하도록 내버려두는 것에 반기를 들어야 한다. 이는 당신의 마음가짐과 자기 확신을 관리하고 수련하는 것이다.

내가 처음 안전한 직장에서 사업이라는 미지의 영역의 삶으로 진로를 전환했을 때는 겁이 났다. 나에게는 3명의 아이와 훌륭한 외조자 남편 그리고 잘 짜인 계획과 꿈이 있었다. 마음가짐을 정리하고 나에 대한 믿음을 다지기 위해서 4가지 주문을 써 놓고 매일 아침저녁으로 반복해서 되뇌었다.

1. '나는 성공한다.'
2. '내가 원하는 모든 것을 해낼 수 있다.'

3. '나는 내가 아는 것에 대해 충분한 지식을 갖추고 있다.'

4. '나는 이것을 할 수 있다. 주도권은 나에게 있다.'

요즘에도 나는 나 자신에게 힘과 신념을 가진 챔피언처럼 말한다. 당신이 먼저 스스로를 믿지 못하는데 어떻게 남들에게 당신을 믿어 달라고 설득할 것인가?

자신을 있는 그대로 인정하게 되면 지극히 자연스러운 대화와 견해로 이어진다. 직장 내의 서열과 직위가 당신의 이러한 접근방식에 문제가 되거나 영향을 끼치지 못한다. 회의나 미팅 또는 네트워킹 이벤트에 참석하더라도 자기 자신에게 진솔하면 영향력을 만들어내는데, 마치 당신의 행동 하나하나가 당신이 누구인지를 나타내는 자연스러운 연장선이 된다.

● 무엇을 하고 있고, 왜 하는지 명확히 하기

말콤 글래드웰은 그의 책 《아웃라이어Outliers》에서 어떤 분야에서 전문가가 되기 위해서는 10,000시간의 연습이 필요하다고 언급했다. 그가 제시한 사례들을 살펴보자.

- 빌 게이츠는 밤마다 집에서 몰래 빠져나와 그의 모교인 시애틀고 등학교로 가서 컴퓨터 부호 작업을 했다.
- 비틀즈Beatles는 1960년에서 1962년 동안 독일 함부르크에 5번이나

건너가 일 년 반 동안 총 270차례 밤 공연을 했다. 마침내 그들이 1964년 미국 본토에 상륙했을 때, 그들은 대략 1200번의 라이브 공연을 했는데 이는 대부분의 밴드가 일생토록 공연을 해도 이루지 못할 기록이다.

당신이 글래드웰의 이론에 동의하든 반대하든 그건 그리 중요한 문제가 아니다. 중요한 점은 우리 모두는 어떤 것에 있어 전문가라는 점인데, 우리가 인식하고 있든 아니든, 우리는 시간을 들여 그동안 연습해왔다. 하지만 우리가 우리의 전문성과 아이디어를 과소평가하는 이유는 자기 자신을 믿지 못하기 때문으로, 자신이 전문가라고 생각하는 것을 다소 사기꾼 같다고 느끼면서 자신은 전문가가 되기에 충분한 시간을 들이지 않았다고 생각한다.

당신은 10,000시간에 버금가는 어떤 것을 보유하고 있다. 당신이 알고 있든 아니든 말이다. 이것이 당신을 유일무이하게 만드는 것이다. 이것을 당신이 좀 더 다듬고 개발해서 다른 이들과 나누면, 새로운 기회들을 만들어낼 수 있다.

자신에게 물어보라. "내 분야의 전문성은 무엇인가? 나는 그것을 보유하고 있는가?"

무엇인가를 내세우기 시작하라. 그 무엇을 알리기 시작하라. 당신의 가치와 꿈, 그리고 당신이 찾고 있는 것들에 대해 당당히 주장하고 나누기 시작하라. 당신은 어쩌면 디지털 마케팅 전문가, 언변가, 원대한 포부를 품은 독지가일 수도 있고, 상호 간의 성공을 이루기 위해 교류, 협업 그리고 돕는 이들을 연결하는 전문가일 수도 있다.

또 당신은 직업을 찾고 있는 전문적인 기술을 가진 졸업생이거나 아니면 이사회의 최고위치를 원하는 CEO, 혹은 세계화의 복잡성에 방향을 제시하는 데 도움을 줄 수도 있다.

당신이 무엇에 대해 알고 있다고 알려지면, 무리를 뚫고 나아가 부각되는 당신의 능력은 엄청나게 증대된다.

아마존의 CEO 제프 베조스Jeff Bezos는 20여 년 전보다 더 오래전부터 아무도 보지 못했던 것을 볼 수 있었다. 그 이후로 그는 아마존을 세계에서 두 번째 선망 기업으로 만들었고(애플 다음으로), 까다로운 요구사항이 많다는 그의 명성에도 수천 명의 사람들이 그의 비전에 감화되어 함께 일하길 희망한다.

U2의 리드싱어인 보노는 자신의 록스타 인지도와 대중적인 인기를 이용해 세계적인 변화 움직임에 영향력을 끼치고 유도했다. 그는 글로벌 리더들을 설득해 가난한 나라들의 채무가 변제되도록 도왔다. U2는 빈곤 퇴치 캠페인 조직 'ONE'과 '(RED) 캠페인'을 통해 수많은 단체와 수백 만의 사람들이 에이즈와 가난 그리고 예방 가능한 질병과 싸우는 데 동참할 수 있게 했다.

2001년 UN 난민기구의 친선대사로 활동을 시작한 이래로 안젤리나 졸리Angelina Joile는 이라크, 시리아, 파키스탄 등을 포함한 50여 개국의 위험에 처한 나라들을 방문하며 임무를 수행했다. 〈뉴욕타임스 New York Times〉 기사에서 두 번에 걸친 예방적 가슴 절제술에 대해 설명하기로 한 그녀의 결정은 많은 논쟁거리가 되었고, 더 나아가 그녀가 공개적인 입장을 취하면서 꺼내기 어려운 이야기를 시작하는 그녀의 거리낌 없음을 보여주기도 했다. 전 영국 외교부 장관 윌리엄 헤이그

William Hague는 그녀를 이렇게 평했다. "안젤리나 졸리는 21세기의 새로운 리더십을 선보였다. 그녀의 강점은 그녀가 정부에 영향을 미칠 수 있을 뿐만 아니라 동시에 여론도 같이 움직일 수 있다는 데 있다."

실제는 이렇다. 당신이 가장 중요하다. 당신이 취하는 모든 선택과 행동, 내뱉는 모든 말이 다른 사람에게 영향을 미치는 능력을 내포하고 있고, 그렇게 되면 그 순간에 의사결정이 이루어진다. 당신의 시각은 당신에게는 매우 특별하다. 본인이 할 수 있는 만큼 자신만의 강렬한 프로필을 꾸미는 것은 아무 문제도 되지 않는다. 멋져지는 것을 꺼려하지 마라. 늘 빛날 수 있게 회복력을 가지고 꿈을 좇아라. 말한 것을 행동으로 옮기고, 자신만의 기술과 능력 그리고 목표를 가지고 당신이 원하는 변화와 당신이 성공하는 것을 보고 싶어 하는 사람들로 이루어진 네트워크를 구축하는 데 전심전력하라.

당신의 네트워크는 전적으로 당신의 소관이지 당신 조직의 것이 아니다.

물론 당신과 당신의 네트워크를 뒷받침해주는 훌륭한 조직이 있을 수 있지만, 여기서 중요한 점은 당신 조직의 이익을 위해서가 아닌 당신 자신의 개인적인 그리고 직업적인 발전과 개발을 위해 네트워크가 필요하다는 사실이다.

그들이 가치를 찾는 곳이 당신의 가치와 다를 수 있음을 명심하라. 반드시 누구의 도움 없이 당신의 두 발로 서는 법을 배워야 하고, 또 때때로 군중으로부터 거리를 유지하는 것 역시 필요하다. 이는 종종 금전적인 투자를 해야 한다는 것을 의미한다. 나는 많은 직장인이 특정 네트워크에 들어가고 싶어 하면서도 그들의 회사에서 그 비용을 지불하지 않으면 참여하지 않는 경우를 왕왕 봐왔다. 이는 바보 같은 논리다!

당신 자신과 당신의 개인적 그리고 직업적인 발전을 위한 네트워크를 만드는 것은 중요하다. 이것이 근본적으로 당신의 미래에 대한 투자가 되기 때문이다.

● 하지만 나는 내성적인 성격이라……

"나는 네트워크를 할 수 없어. 나는 네트워크가 싫어. 난 그냥 내성적인 사람이야."라는 말을 내가 얼마나 많이 들었는지 헤아릴 수도 없다. 이럴 때면 나는 "쓸데없는 소리! 그건 단지 당신이 비효율적인 네트워킹 사다리를 계속 간직하고픈 변명거리에 지나지 않습니다!" 하고 말한다. (2장의 〔도표 2.1〕을 살펴보라.)

당신이 내성적이건 외향적이건 상관없이 당신은 여전히 네트워킹할 수 있다. 당신이 해야 할 일은, 그저 당신에게 도움이 되는 방식으로 하면 된다는 것이다.

내향성과 외향성은 인간 본연의 마음속에 존재하는데, 단지 우리가 무심결에 판단하고 자신과 다른 이와의 관계를 정하는 각자의 안전지대에 따라 달리한다. 외향적인 사람은 내성적인 이를 사회성이 부족하고 어색해 한다고 생각하는가 하면, 반대로 내성적인 사람은 외향적인 사람을 과격하고 잘난 체하며 사회적으로 관심받고 싶어 한다고 여긴다.

누가 누구의 얘기는 맞고 누구는 틀리다고 말할 수 있는가? 콰이어트 레볼루션Quite Revolution의 공동 창업자인 수전 케인Susan Cain의 말이다. "인생의 비밀은 자신을 정확한 조명에 노출하는 것이다. 누구에게는 브로드웨이의 스포트라이트가 필요하고, 또 누군가에게는 책상 스탠드등 정도면 충분하다."

스위스 심리학자이자 심리치료사였던 칼 융은 "세상에 완벽하게 내성적이거나 외향적인 사람은 없다. 만약 그런 사람이 있다면 그는 미치광이 보호소에 있게 될 것이다." 하지만 안타깝게도 우리 중의 대다수가 자신에게 꼬리표를 붙이거나 남을 판단할 때 여전히 그 두 성향의 양극단 중 한 쪽이라고 치부한다.

우리는 그저 자신 내면의 내성적이거나 외향적인 성향을 이해하고, 타인이나 자신의 타고난 기질을 받아들이고 존중하면 된다.

● 자신을 있는 그대로 끌어안기

네트워킹 구축에 있어 스스로 내성적인 성격이라고 생각되면, 당신의 침착하고 신중하며 사려 깊은 접근방식과 독자적이면서도 심사숙고한 아이디어를 개발시키는 당신의 능력을 십분 활용하면 된다. 혼자이고 싶어 행사의 초대를 거절해도 아무런 문제가 안 된다는 것을 명심하고, 혹시 뒤처질지 모른다는 불안감 따위에 고통받지 않는다는 사실에 자부심을 느끼며, 자신감을 가지고 자신을 다독여줘라. 사고, 토의, 대화 그리고 아이디어 창출에 들인 가치들을 자기 것으로 만들어라.

반면에 네트워킹할 때 다른 이들과 사교적인 교류를 통해서나 친구 혹은 타인과 소통하고 접촉하면서 에너지를 얻는다면, 당신 본래의 당당하고 '맞서서 획득하는' 태도를 관철하면 된다. 유쾌하고 강렬한 에너지를 발산하는 당신의 외향적인 면이 사람들과 그룹을 서로 연결할 수 있다는 사실을 알고 있기 때문이다.

위의 두 가지 경우 모두 다 네트워킹 상황에서는 중요한 가치를 만들어낸다.

내성적인 성향은 대개 아래와 같다.
- 말하기 전에 생각한다.
- 심도 있는 대화에 몰입한다.
- 한 가지 일에만 집중한다.
- 뒤처리에 신중을 기한다.

외향적인 성향을 들여다보자.
- 즉석에서 모든 이들에게 자신을 소개한다.
- 가벼운 농담을 즐겨한다.
- 많은 사람과 사교적이다.
- 후속 상황을 흥미롭게 생각한다.

이 두 성향의 중간쯤에 해당하는 것 역시 아무런 문제가 될 건 없다. 어떤 상황이 요구되는지에 따라 적절하게 변형할 수 있으면 된다. 어느 경우건 네트워크를 할 수 없다는 핑계는 될 수 없다!

자신을 있는 그대로 그리고 몸에 밴 스타일을 받아들이면 변화가 일어난다. 마가렛 대처Margaret Thatcher는 자신의 외향적인 성품으로 영국에 뿌리 깊었던 성차별주의 같은 문화적 장애물을 헤쳐나가 당당히 영국 최초의 여성 총리가 되었다. 윈스턴 처칠의 지칠줄 모르던 에너지 역시 세계 2차대전 동안 자국민을 이끄는 원동력이 됐고, 그의 일생 전반에 걸쳐 엄청난 양의 작품을 집필했으며 노벨 문학상을 수상했다.

세상을 변화시킨 유명한 내성적인 인물도 있다. 간디Ghandi는 나라 전체의 방향성을 바꿨다. 세계에서 가장 성공한 투자가의 한 사람으로 알려진 워런 버핏Warren Buffett은 자신의 재산 99퍼센트를 자선기금에 기부할 것이라고 선언했다. 빌 게이츠는 사람들과의 관계보다는 기계에 더 친숙함을 느낀다. 다윈Darwin은 자신의 내적 호기심으로, 닥터 수스Dr. Seuss는 내면의 상상력으로 더욱 잘 알려진 인물이다.

네트워킹 상황에서 자신의 강점을 어떻게 활용할지를 좀 더 염두에 두고 자신에게 조금만 더 관대해져라. 그 이유는 자신의 타고난 성향으로 많은 시간을 고심하다 보면, 자신의 에너지와 집중력을 소진하게 되고 결과적으로 정해 놓은 목표를 이루기 힘들어진다. 반면에 인생의 선택을 자신의 기질에 맞게 하면, 당신의 에너지는 엄청난 폭발력을 지닐 것이다.

너무나 많은 사람이 자신의 기질과는 맞지 않는 삶을 살고 있다. 내성적이고 차분한 사람이 광란의 친목 모임 스케줄에 매여 있고, 수천 명의 사람들이 모이는 대규모 네트워킹 행사에 참석하는가 하면, 활달하고 외향적인 이들이 사교적인 기회라곤 찾아볼 수 없는 컴퓨터 앞 책상에서 장시간 작업을 하는 직업에 종사하기도 한다. 물론 종종 원하지 않는 일을 해야 할 때도 있지만, 늘 그래서는 안 된다. 대부분의 시간이어서도 안 된다.

● 지금까지 고수했던 방식에서 벗어나기

자신의 타고난 스타일과 일치되는 일을 찾아보고, 그것을 자기 것으로 만들어 익숙해지기 전까지 거짓으로 행동하는 것을 멈춰라. 자신이 여태껏 고수했던 방식들을 집어치우고 자신을 끼워 맞추려고 했던 틀에서도 벗어나 자신을 있는 그대로 받아들여라. 오직 그때에만 당신의 네트워크가 올바른 방향성을 가지게 된다.

영화 '프리티 우먼Pretty Woman'에서 눈길을 끄는 장면이 있다. 등장인물이 이런 얘기를 한다. "할리우드에 오신 걸 환영합니다! 당신의 꿈은 뭔가요?" 모든 이에게는 꿈이 있고, 우리의 삶과 커리어 또는 비즈니스가 어땠으면 좋겠다 하는 비전 같은 미래에 대한 계획도 있다. 우리는 그런 핵심 목표를 이해하고 있다. 또는 리더십 전문가 사이먼 사이넥의 표현을 빌리자면, 우리의 'why', 즉 우리가 '왜' 원하는지 알고 있다는 말이다.

하지만 진짜 질문은 실제로 당신이 얼마만큼 당신의 'why'를 원하는가이다.

무엇이 당신을 신나게 하는가? 생각만 하고 있던 아이디어를 실행에 옮기는 동력에 연료를 제공하는 것은 무엇인가? 당신의 꾸물거림과 '아마도'와 같은 태도에 대항해 당신의 네트워크를 위해 올바른 사람들을 찾아내고 커리어를 발전시키도록 하는 계기는 무엇인가? 당신은 실제로 얼마나 굶주려 있는가?

우리는 행동하기보다는 계획하기에서 길을 잃는다. 일의 진행 과정에서 행동해야 한다는 것을 잊어버리거나 혹은 "어, 하지만……"의 목록들에 매여 얼어붙고 만다. 더한 경우는 계획 단계에 이르기도 전에 그냥 안전지대로 회귀하려 한다. 이불 밖이 너무 무섭다고 느끼기 때문이다.

나를 아는 이들은 이해하겠지만, 나는 비전을 만들어 집중된 목표에 계획을 세워 90일 내에 이뤄내기의 열렬한 지지자다. 이 책은 전부 계획을 세우는 것에 관한 내용이다. 즉 자신 네트워크를 구축하기 위한 계획된 접근에 관한 것이라고 말할 수 있다.

이 책을 읽은 것과 그 내용을 활용하는 것의 차이점은 당신에게 달려 있다. 궁극적으로 당신이 고집했던 방식을 내려놓고, 지금 하는 방법에서 벗어나 변화하기를 결심하고, 자신 네트워크의 주도권을 쥐고 미래의 성공에 매진하는 것이다.

● 두려움 없애기

자신이 어떤 사람이고 무엇을 하고 또 왜 하고 있는지를 분명히 하는 것도 중요하지만, 그에 못지않게 실제로 틀에서 벗어나 변화 가능한 교류의 네트워크를 구축하는 것 또한 중요하다. 두려움이란 쇠약하게 만들기도 하고 심지어는 무력하게 만들 수도 있다. 두려움으로 인해, 당신의 꿈을 이루고 제자리에서 벗어나려는 노력도, 자신의 의견을 제시하는 데도, 또 새로운 무언가를 시도하는 것도 방해받을 수 있다.

그런 것들로부터 해방되어 사람들과 연결되고 12명의 핵심인물들과 자신의 네트워크를 구축하려면, 먼저 용감해야 하고 자신을 믿어야 하며 두려움을 이겨내야 한다.

우리 모두 커리어의 어느 시점에 두려움과 상실감을 경험한다. 체면을 구기기도 하고 시장점유율을 잃기도 하며 적자를 내기도 한다. 그러면 우리는 자신에게 질문한다. '과연 내가 할 수 있을까? 누가 내 말을 듣고 싶을까? 나에게 이 일을 하기 위한 경험이 있나?' 이런 생각들은 정말 쓸데없는 생각들로, 우리가 무언가 새롭고 익숙하지 않은 일을 시작할 때 이런 비이성적인 두려움이 들기도 한다. 하지만 두려움은 선택이다.

<u>당신은 마비되어 아무것도 하지 않는 상태가 되기를 선택할 수도, 아니면 두려움을 성공을 위한 강력한 도구로 바꾸기를 선택할 수도 있다.</u>

순응하고 모두가 원하는 것을 하는 데 두려움이 없다는 것은, 대학을 가고 직장을 얻고 결혼하고 집을 사고 자녀를 두고 승진하는 이러한 것들이다. 이것은 성공의 유일한 정의가 아니다. 그보다 진짜 중요한 것은 자신만의 비전과 꿈을 가지고 스스로 이끌며 자신이 원하는 것에 몸소 리더가 되는 것이다.

자신의 스포트라이트 아래에 서서 빛을 내며 의견을 내는 것에 대한 두려움을 없애라. 당당히 의견을 피력하라. 물론 사람들은 당신의 의견에 동의하지 않거나 심지어는 말싸움을 걸어올 수도 있다. 하지만 남들이 당신에 대해 얘기하는 것은 당신의 관심사가 아니다. 자신을 다른 사람과 비교하지 마라. 당신이 믿고 말하는 것이 중요하다. 자신의 위치를 강건히 지키면서, 차별화된 의견을 내는 것이 변화를 이끌어낸다는 사실을 명심하라.

두려움이 없다는 것은 자기 자신을 널리 알리는 것이다. 자신의 강점, 가치, 특히 관점의 차이를 강조하는 것을 꺼리지 마라. 진정성 있고 현실적으로 세상에 말하는 방식만이 당신을 유일한 존재로 만든다. 당신을 눈에 띄게 만들어주는 것을 효과적인 마케팅 기술로 활용하라.

두려움이 없다는 것은, 모든 것에 해답을 내놓거나 늘 올바른 결정을 내리는 것이 아니라 도움이 필요할 때 구하는 것이다. 삶의 끊임없는 호기심과 질문들, 스승과 타인 그리고 매일 만나는 사람들로부터의 가르침을 받아들여라. 당신의 성장을 도와줄 수 있는 12명의 핵심인물을 찾아라. 그들과 함께 당신은 더욱더 스마트해지고 강해질 것이다.

존 맥스웰의 질문을 상기해보자. "당신은 산 정상에 앉아 잠자코 자신의 능력에 대해 성찰해볼 것인가? 아니면 자신을 언덕 밑으로 끌고 내려와 길을 막고 있는 장애물을 물리칠 것인가?" 이는 당신의 선택이다. 다음 장에서는 중요한 사람들과 교류하기 위해 어떤 선택을 할 것인가를 살펴볼 것이다.

● "현명하게 그리고 자주 선택하기"

나이 마흔이 되면서 폴라는 그녀가 인생에서 만나야 할 인물들은 다 만났다고 생각했다. 세계 최대의 유연한 업무공간을 제공하는 업체인 '리거스 오스트레일리아 Regus Australia'에서 CEO 역할을 겸한 CFO가 되었지만, 그녀는 "빙산 꼭대기에 서있는 기분이에요. 고립되고 누구에게도 도움을 구할 수 없는……"이라고 말했다. 그녀가 생각했던 효율적인 네트워크가 막상 그녀에게 전혀 도움이 되지 않는다는 것을 깨달았다. 그녀는 자신의 직위에 있거나 그보다 더 높은 사람들을 찾아야 했고, 그녀가 안고 있는 문제들과 같은 문제를 가지고 있는 사람들에게 그녀 자신을 드러내야만 했다. 폴라는 주변에 개인 자문단, 지식 뱅크 그리고 마케팅 전문가 등도 필요했다. 또 목표를 이루고 사고를 확장하며 좀 더 많은 일을 할 수 있도록 몰아붙일 수 있는 촉진자, 정비담당자, 선생님, 버트 키커 역시 필요했다. "내가 네트워크를 구축할 당시 간과했던 것은, 나의 개인적이고 직업적으로 전략적인 목표가 내 주위 사람들과 그 궤를 같이해야 한다는 사실에 대한 이해 부족이었습니다. 내 목표가 바뀌면 내 네트워크 역시 변해야죠."라고 그녀는 말했다.

폴라처럼 당신도 자신의 네트워크를 본인의 기질과 더불어 직업적이고 개인적인 목표에 맞게 다듬고 발전시켜야 한다. 그에 못지않게 중요한 사실은 이런 과정은 많은 시간과 생각 그리고 에너지가 요구되며, 이런 투자는 멀리 내다보면 당신에게 10배도 넘는 이득을 가져다준다. "당신이 미래에 대해 염려한다면 튼튼한 네트워크를 필수적으로 갖춰야 합니다."라고 폴라는 덧붙인다. "누구랑 어떻게 그리고 왜 일하는지를 결정하는 시간에 투자하세요. 당신이 성장하는 데 영향을 미치는 인물, 조언가 그리고 지지자들을 찾고, 당신의 균형감과 현실감을 유지시켜주는 팀을 갖추세요. 네트워크가 네트워크를 만듭니다. 이것이 당신이 해내야 할 일이기도 하고요."

Chapter 9
올바른 방식으로 연결하기

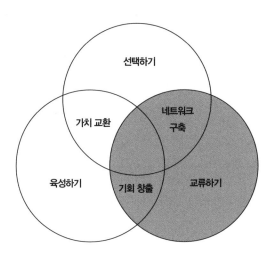

최근 가진 의뢰인 회의에서 중역의 고위간부였던 크레이그는 거의 13
년간 몸담았던 조직을 조기퇴직하기로 결심했다는 소식을 전했다.
그는 가족과 다시 친밀해지는 시간을 가지고 에너지를 재충전한다는 사실에 꽤 들떠 있었다. 그렇다면 그의 계획은?

"제 생각엔 한 6개월쯤 지난 후에 다시 일자리를 알아볼까 합니다." 그가 말했다.

"당신의 네트워크에 당신을 도와줄 만한 사람들이 있나요?" 내가 물었다. "지금과 직장을 다시 구할 시점 사이에 업계에서 당신의 프로필을 유지하기 위해 무엇을 해야 할지에 대해 생각해보셨나요?"

"솔직히 그 점에 대해서는 생각해본 바 없습니다." 그가 대답했다.

그가 대답한 전략에 대해 어떻게 생각하는가? 그의 대답이 이례적이지는 않다. 특히 우리가 힘들어 지쳐 잠시 휴식이 필요할 때는 더욱 그렇다. 하지만 네트워크를 키운다는 것은 진행의 과정이다. 이는 당신이 뭔가 필요할 때는 스위치를 켜고 필요치 않을 땐 스위치를 꺼두는 그런 일이 아니다.

마셜 골드스미스Marshall Goldsmith는 그의 책《일 잘하는 당신이 성공을 못하는 20가지 비밀What Got You Here Won't Get You There》에서 성공을 방해하는 20가지 나쁜 습관, 즉 핑계 대거나 섣불리 판단하기 등에 대해 서술했다. 그는 이러한 습관들이 당신의 현재와 당신의 다음 성취의 단계 사이에 어떻게 자리 잡고 있는지 설명한다. 이 리스트에 더해 21번째 나쁜 습관은, 잠자코 가만히 앉아서 적당한 때가 올 때까지 기다리며 아무것도 안 하는 것이라고 나는 덧붙이고 싶다.

우리가 중요한 인간관계를 관리하고 양성하는 데 시간과 에너지를 투자해야 한다는 사실을 잊어버릴 때, 우리는 게을러지고 아무것도 하지 않으면서 자신의 네트워크가 제멋대로 전개되도록 방치한다. 결과는? 2장에 나온 비효율적이고 거래적인 단계의 네트워크 사다리를 상기하라.

자신의 네트워크를 재고하고 재평가해서 당신의 성공을 가속화해 줄 수 있는 12명의 핵심인물을 찾아내는 등의 힘든 일을 모두 거쳤는데, 이 모든 작업을 헛되게 할 수 없지 않은가!

결정을 내리고 교류하기로 선택하고 진행 상황에 맞게 당신에게 중요한 사람들과 관계를 맺고 서로 보살피는 것은 순전히 당신에게 달려 있다. 오직 이런 방식만이 당신의 커리어나 인생의 한 시점에서 '휴식을 취하고' 싶을 때를 포함해서 오랜 기간 당신에게 영향을 미치고 변화 가능한 네트워크가 되게 할 수 있다.

● 끊임없이 진화하는 과정

PART II에서 살펴봤듯이, 성공적인 네트워크란 12명의 핵심인물로 구성된 연결관계를 이해하는 것으로, 기존에 당신이 늘 만들었던 네트워크와는 상반된다. 이것은 그런 네트워크와 연계를 관리하고 계속해서 가치를 더해가는 것을 의미한다.

《Highly Effective Networking》의 저자 오빌 피어슨은 대규모의 네트워크가 당신에게 유리하게 작용할 수도 있지만, 보다 중요한 요소는 배움의 기회를 넓히고 기존의 인간관계를 강화하는 데 있다고 말한다.

당신의 네트워크는 살아있는 유기체로, 당신이 성장하고 발전함에 따라 같이 진화해 나가야 한다.

이직하고 승진하고 다른 곳으로 이민 가거나 아이를 갖는 등 인생의 모든 단계에서 당신의 네트워크는 당신의 변화무쌍한 상황에 맞춰 변해야 한다.

당신을 좀 더 성장시키고 당신의 사고에 문제를 제기하고 당신의 결정에 책임지도록 해주는 핵심인물들이 주변을 둘러싸고 있는지 늘 확인해야 한다. 정기적으로 자신의 네트워크를 재점검하는 시간 투자는 매우 중요하다.

나는 매년 12월과 1월에 내 신년목표를 설정하고 계획을 세운다. 더불어 연간목표를 달성해줄 나의 비전 자문단을 짜고, 비즈니스, 자금, 그리고 개인과 인간관계 영역의 핵심 목표도 세우고 나의 빅픽처 'why'와도 잘 일맥상통하는지 확인하며, 또한 나의 12명의 네트워크도 재검토한다.

여전히 나는 내 주변에 올바른 사람과 함께하는가? 또 지금도 상호 가치 교환이 이루어지고 있는가? 그들이 혹은 내가 핵심 목표와 주안점에 접근했는가? 무엇을 간과하고 있으며 내가 누가와 교류 또는 재접촉을 시도해야 하는가? 다가오는 12개월 동안 내 목표를 이루기 위해서는 어떠한 도움이 필요한가?

앞서 크레이그의 이야기에서 보았듯이 도움되는 네트워크를 구축하는 것은 주인의식을 가지고 자신에게 중요한 사람들을 자신 주위에 늘 포진시키는 것이다. 덧붙여 변화 가능한 교류 관계는 시간과 에너지 그리고 집중력이 필요하다는 사실을 인지하는 데 있다.

● 생각보다 가까이에 있다

튼튼한 개인 네트워크 구축은 그냥 일어나는 일이 아니다. 자신의 이상적인 네트워크를 인생에 접목시키려면 시간과 에너지 그리고 책임감 등을 쏟아내야 한다. 12명의 핵심인물을 찾아냈다면 PART II에서 세운 계획을 실행에 옮기면 된다. 이제는 부족한 연결관계 부분을 찾아서 접촉을 시도할 때다.

희소식은 성공적인 네트워크가 당신이 생각하는 것보다 더 가까이 있다는 것이다. 당신과 다음 기회 사이에 약간의 거리감이 있으니 당신이 이미 알고 있거나 당신 주변의 가장 가까이 있는 이들부터 시간을 들여 탐색하라.

올바른 네트워크 구축을 위해서는 다음과 같은 세 가지의 행동이 요구된다.

1. 사람들에게 손 내밀기
2. 그들과 함께 시간 보내기
3. 그들과 연결하기

위에 제시한 행동들은 각자 독자적으로 실행되기보다는 서로 연계되어 작용한다. 자, 그럼 좀 더 자세히 들여다보자.

1. 사람들에게 손 내밀기
이미 당신에게는 네트워크 형태를 갖춘 것이 있다. 당신의 친구, 가족, 직장 동료 모두 당신의 개인 네트워크를 넘어 더 넓은 세상으로 연결되어 있다. 아마도 당신은 5번의 단계만 거치면 지구상 어떤 누구와도 연락이 닿을 수 있다는 '6단계 분리 이론six degrees of separation'을 들어봤을 것이다.

당신이 이미 알고 있는 사람과 알 수도 있는 – 단순히 물어보기만 하면 되는 – 사람 사이에 오직 경미한 정도의 거리감만이 존재한다는 사실에 의심의 여지가 없을 것이다. 기존의 네트워크 내의 인물이 당신이 관심을 가질 만한 인물을 추천해줄 수 있고 필요 시 소개해줄 수도 있다.

당신이 해낸 모든 훌륭한 작업을 망치지 마라! 당신이 누구와 연계되기를 바라는지 전략적으로 생각하고, 지인 중 누가 소개해줄 수 있는지 파악하라.

현재 자신이 이루고 싶은 목표를 달성한 인물 또는 본받고 싶은 행동을 보여주는 사람들을 떠올려보라. 시간을 들여 12명의 핵심인물을 제대로 잘 살펴보고, 체크리스트를 점검해보며, 네트워크에 빠진 인물과 당신이 가고자 하는 목표점에 닿을 수 있도록 도와줄 수 있는 이는 누구인지 파악해보라.

어떤 기술이 부족한가? 어떤 통찰력을 갖춰야 하는가? 어떤 행동과 태도를 취해야 하는가? 그 인물과 어떻게 시간을 좀 더 보낼 수 있을까? 그들은 어느 분야의 읽을거리에 관심을 가질까? 그들의 흥미를 이끌어낼 만한 어떤 요소가 나에게 있는가? 그들은 어디서 시간을 보낼까? 나를 소개해줄 만한 인물을 내가 이미 알고 있는가?

근래에 나는 멘토가 될 만한 인물 – 그녀가 계획한 비즈니스를 다음 단계로 이끌 수 있는 위치에 있고, 문제 해결 경험이 풍부하며, 자신의 앞으로의 사업가적 여정에 도사리고 있는 위험요소들을 잘 피해갈 수 있도록 안내해줄 수 있는 - 을 찾고 있는 여자 친구와 점심시간에 만났다. 나는 그 말을 듣고 즉시 이상적인 인물을 소개했고, 그들은 지금 같이 일하고 있다. 두 명의 여성 사업가가 멘토링 관계를 통해서 서로 연계하고 협업하면서 각자의 성공을 향해 나아가고 있다.

나는 사업 초기에 평범한 회사 월급쟁이에서 더 눈에 띄고 스마트해 보이는 기업가의 위치로 빠르게 변신하도록 도와줄 만한 사람이 필요하다는 사실을 깨달았다. 그래서 나는 내가 하고 싶은 일을 이미 하는 사람들 - 실무를 담당하고 있고 본인의 생각과 리더십 그리고 전문성을 판매하고 있는 인물들 - 에 대해 알아보기 시작했고, 내가 누구를 만나야 하는지 추천을 부탁했다. 이런 대화의 결과로, 현 쏘우트 리더스 글로벌Thought Leaders Global의 창립자인 매트 처치Matt Church 가 나의 멘토가 되었다.

말 그대로 '식은 죽 먹기'였다. 기회를 자기 것으로 만들어라. 그리고 호기심을 가지고 용감하게 사람들에게 손을 내밀어라. 물론 예상치 못한 일들을 예측하는 것 또한 잊어서는 안 된다. 세상 밖에 무엇이 있는가에 눈을 떠라. 그것들은 매우 다양한 모습으로 다가온다.

'테이크 앤드 리드Take the Lead' 워크숍에 참가했던 마리오 자야프라부Mario Jayaprabhu의 말처럼 당신은 결단을 내려야 한다.

"워크숍을 시작하기 전, 나는 나 자신을 '말 건네올 때만 말하는' 유형의 네트워커라고 생각했다. 그러던 어느 날 태국으로 다이빙 여행을 떠났다.

내 다이빙 강사는 실로 엄청나게 다양한 재주를 가진 인물이었다. 음악가이자 사진가이면서 미국에 있는 잘 나가는 투자회사의 임원이기도 했다. 물론 열정적인 다이버라는 직업도 빼면 안 된다.

누군가 당신과 비슷하면 할수록 그 사람과 이어지는 것을 좀 더 편하게 느낀다. 그래서 네트워크는 본능적으로 동일성을 띠게 마련이다. 하지만 제임스는 나의 핵심 12명 중 한 명이 되기에 손색이 없을 만큼 훌륭했고, 그래서 나는 그에게 호주에서 다이빙에 적합한 장소를 물색하는 기회를 제안해보기로 했다.

그리하여 나는 그와 교류하게 되었고, 지금은 솔로 다이버가 되기 위한 과정을 밟고 있다. 대다수의 사람들은 네트워킹을 위로 성장시키는 데만 집중하고 있다. 예컨대 자신보다 높은 직위에 있는 사람이나 혹은 지위의 사다리에서 자신과 적어도 비슷한 위치에 있는 사람들과 유대를 가지려고 애쓴다. 하지만 업계의 영리한 신참들과 소통하거나 아니면 전혀 다른 길을 가는 사람들과 교류하는, 이른바 네트워크를 아래로 확장하는 것 또한 현명한 방법이다."

2. 그들과 함께 시간 보내기

실생활에서 교류 가능한 곳, 행사, 네트워킹 그룹 등은 헤아릴 수 없을 만큼 많다. 문제는 기존의 거래적인 네트워크의 오류에 빠지지 않도록 자신과 자신의 성향과 목표 그리고 스타일에 맞게 어떤 결정을 내리는가이다.

일단 당신이 찾고자 하는 인물을 인식하면, 그 사람들이 모일 만한 행사를 탐색해서 그런 인물을 만나는 기회를 가지면 된다. 예를 들어 당신이 법률 분야에서 멘토를 찾고 있다면 관련 이벤트에 참여하고, 또 구직을 원하는 졸업생이라면 좀 더 일반적인 네트워킹 행사를 알아보는 것이 더 유용하며, 또 당신의 비즈니스나 커리어를 한 단계 높이 올려놓고 싶다면 충분한 지식과 통찰을 배울 수 있는 올바른 덕목을 갖춘 인물들이 배석한 행사에 참여해야 한다. 만약에 당신이 내성적이라면 400명 정도의 새로운 인물과 접촉하는 큰 이벤트보다는 만나고 싶은 인물을 티타임에 초대하거나 네 명 정도가 가벼이 점심 식사 시간을 가져보는 것은 어떤가?

핵심은 당신이 누구를 원하고 무엇을 원하는지가 명확해야 한다는 사실이다. 바깥세상에서는 무슨 일이 벌어지고 있는지 호기심을 가지고, 당신에게 도움이 될지 아닐지를 근거로 판단을 내리면 된다. 군중에 휩쓸려 따라가지 마라. 이것은 당신의 여정이고 당신의 네트워크라는 사실을 명심하라.

자신의 안전지대로부터 과감히 벗어나라. 깊이 탐구하고 여태껏 당신에게 영향을 주었던 무리의 사람들이 주는 익숙함과 보호막을 걷어내라. 다른 네트워크, 다른 사람들, 그리고 다른 분야와 비즈니스에 대해 알아보기로 결심하라.

이런 방법을 시도해볼 수 있다.

- 다양한 부류의 사람들이 모이는 모임에 참석한다.
- 다른 업계에 종사하는 사람들과 이야기해본다.

- 다른 부서, 다른 직급의 사람들과 토론해본다.
- 그런 교류가 어떤 방향으로 흘러갈지에 대해 호기심을 가지고, 다른 사람들과 접촉을 시도해본다.

나는 어느 한 기업에서 매월 직급에 상관없이 모든 직원의 이름을 모자에 넣어 임의로 짝을 지워 같이 커피나 차를 마시는 룰렛게임을 한다는 얘기를 들었다. 회사에서 직급, 부서 그리고 실용성을 아울러서 상호 연결을 북돋는 얼마나 멋진 방법인가!

나는 많은 사람이 이 네트워크 행사에서 저 네트워크 행사로 분주하게 옮겨 다니면서 막상 얻는 것도 없는데 스케줄 표에는 행사 일정으로 가득하고 참석했던 이벤트에 표시해두는 것을 목격해왔다. 당신이 이 방식으로 깨달은 것이 있다면, 앞으로 쓸모없는 수많은 명함과 작별을 고할 것이다.

네트워킹 자체의 의미는 비즈니스의 성장과 기회 창출을 위해서 중요하지만, 당신만의, 당신을 도와줄 네트워크를 구축하는 것이라는 사실을 상기하라. 올바른 방식으로 네트워크를 구축하는 방법, 즉 전략적이고 변화 가능한 네트워크를 창출하는 것 말이다.

3. 그들과 연결하기

소셜미디어인 링크드인은 비즈니스 기회 창출과 비즈니스 메시지 전파를 극대화해주는 훌륭한 장치이기도 하지만, 또한 자료나 정보가 필요할 때 원하는 대로 편하게 쓸 수 있는 매우 중요한 수단도 된다.

오늘날 링크드인은 2억 명 이상이 이용하는 세계적인 네트워크로 자리매김했고, 자신의 전문성과 장점을 나눌 수 있는 기회, 자신의 경력을 통한 노하우를 제공할 뿐만 아니라 예전에는 닫혀 있었던 교류의 장을 열어주는 계기가 되었다.

마치 친구나 가족에게 안부를 묻고 또는 기존에 알고 지내던 사람들을 소개하듯이 이런 방식을 링크드인에서도 똑같이 하면 된다. 하지만 - 이것은 중요한 사실인데 - 실제 생활에서와 마찬가지로 링크드인을 통한 교류 역시 양방향 소통이 이루어져야 한다.

이는 거래하는 네트워크가 아니라 자신의 네트워크 변화에 관한 것이라는 사실을 명심하라.

당신이 이 책을 여기까지 읽어오면서 터득했다시피, 교류는 단지 "그래, 이제부터 교류해보자!"라는 버튼을 누르면 되는 것이 아니다. 당신이 충분히 몰두해야 하고 대화를 나누고 가치를 공유해야 한다. 심지어는 차 한 잔을 나누면서도 말이다.

링크드인을 통해서는 당신의 과거 직장 동료, 대학교 동창 또는 지난주 네트워킹 행사에서 만났던 사람들 또는 세계적인 기업이나 직업, 키워드 등도 찾거나 알아낼 수 있다. 링크드인은 방대한 연결망과 전문성을 제공함으로써 당신의 네트워크가 확장되는 것을 돕는다. 이 수단이 가진 힘을 절대 과소평가하지 마라. 그리고 네트워킹의 첫 번째 법칙 - 반드시 양방향 소통이 이루어져야 한다 - 도 명심하라.

● 다른 사람의 시간을 존중하라

네트워크를 시작하고 구축할 때 다른 사람의 시간을 소중히 여겨야 한다 – 이것이 가치 교환의 열쇠다 – 는 사실을 마음에 새겨라. 누군 가를 불러내 '커피나 나누면서 그들의 특급비법을 구하려고' 요청하 는 것은 교류하는 게 아니다. 사람들을 불러 모으거나 그들에게 당신 의 네트워크의 한 일원이 되어 달라고 부탁하는 것도 마찬가지다. 또 링크드인 1촌 맺기 요청이나 엄청난 양의 질문을 담은 이메일을 보 내는 행위 역시 교류라고 보기 힘들다. 사실상 이러한 행위는 그들의 시간을 침범하는 행동에 가깝다.

어떤 도움이 필요한지 분명히 하고, 자신의 의뢰사항이 무엇인지 좀 더 명확히 하라. 나는 대부분의 사람들이 기꺼이 도움을 주려고 하고, 혹시 여의치 않을 때는 왜 그런지 설명을 한다고 확신한다. "커 피나 한잔 할까요?"(당신이 그들의 소중한 시간을 잠시 가로채겠다는 확 실한 신호)라는 표현 대신에 "커리어를 성장시켜 당신을 파트너 위 치까지 올려준 세 가지 핵심 요소들에 대한 이야기를 나누고 싶습니 다." 혹은 "중국으로 사업을 확장하려 하는데 당신이 그걸 성공적으 로 해내셨더군요. 당신이 주목했던 핵심 사항 세 가지를 말씀해주시 면 감사하겠습니다."라고 좀 더 구체적으로 접근하면 어떨까?

사람들을 처음 만나면 집중하라. 그들이 말하는 내용을 귀담아듣 고, 대화에 적극적으로 참여하고 질문하라. 메모하고 정보를 모으고 부지런히 노력하고 실천하는 모습을 보이고, 고맙다고 말하는 것도 잊지 마라. 나는 이런 행위가 무척이나 상식적이라고 생각하는데, 많은 사람들이 이런 기본적인 예의마저 지키지 않는다는 사실을 당신은 믿기 힘들지도 모르겠다.

지속적으로 대화가 이어지도록 하고 고마움을 표현한 다음에는, 당신이 즉각적으로 취할 행동을 명시하라. 관련 기사의 링크나 회의 내용에 부합한 계획서 등을 포함하는 것도 바람직하다. 몇 주 후에 다시 연락을 취해 실천했던 행동과 결과를 업데이트한다. 이런 행위는 그들이 기꺼이 나눠준 소중한 시간에 대한 존중이자 감사함의 표현이다. 더불어 당신에게는 상대의 가르침에 대한 관심과 배운 것을 잘 활용하겠다는 약속도 된다.

핵심은, 주도권이 당신에게 있다는 사실이다. 기회의 촉매제가 되고 장기간 관계로 이어지는 가능성을 여는 최초의 대화를 이끈 이는 당신이었다.

● 본보기를 정하라

강력한 당신의 조직망이 당신의 위치 선정과 더 많은 영향력을 발휘하는 능력을 상승시킨다는 것은 분명하다. 이는 높은 수준의 개인적 책임감과 신뢰감을 가져다준다.

아래와 같은 행동은 당신에게 달려 있다.

- 네트워크 내의 다른 사람에게 본보기가 된다.
- 대신에 본받을 만한 행동을 따라한다.

- 무조건적으로 지식을 제공한다.
- 기꺼이 기회를 열어둔다.
- 남들을 위한 지속적인 성장과 성공에 보탬이 되는 통찰을 나눈다.
- 자신의 행동에 책임지도록 한다.
- 교류하는 이들에게 꾸준한 관심을 가진다.

자신에게 중요한 인물과의 교류가 단연코 성장을 위한 기회를 만들어낼 것이다. 센터 그룹Scentre Group의 재무담장자인 앨리슨 플레밍Alison Flemming의 설명을 보자.

"나의 네트워크는 내가 내 역할과 내 조직이 하는 일에 감사하도록 지대한 도움을 주었다. 내 조직에 늘 참신한 아이디어를 낼 수 있도록 해주고 다양한 그룹의 사람들과 교류함으로써 교육 프로그램, 개발 회의, 자기계발 등 다방면으로 사고하는 데 도움이 되었고, 나 또한 색다르게 생각하는 계기가 되어 수많은 내부적인 비즈니스 의사결정에서 대안이나 새로운 관점을 제시하는 데 도움을 얻었다."

이것이야말로 우리가 마지막 장에서 알아볼 가치 교환의 핵심이다.

● "연결하고 존중하기"

네트워크를 구축한다는 것은 최고의 훈련법을 찾는 것을 말한다. 나는 나와 비슷한 마음가짐과 가치관을 가지고 있고 내가 공감할 수 있는 인물은 찾는다. 신뢰는 필수적이다. 당신이 존경하는 사람들과 네트워크를 할 때는 엄청나게 큰 배움을 얻을 수 있다. 그들은 자신들이 생각하는 바를 솔직하게 얘기해주어 그들의 피드백이 나의 사고를 발전, 향상시켜 결과적으로 나를 좀 더 나은 리더와 개인으로 만들어준다. 나는 나의 네트워크 구축에 매우 신중을 기했다. 결함을 발견하면 내가 존경하는 인물에게 연락을 취했고, 대부분의 사람들은 기꺼이 도와주었다. 대개 한 가지 특정한 요청이나 질문으로 시작하면 자연스레 대화는 확장된다. 상대편의 시간을 존중하는 의미에서 한 번에 한 가지 질문만 한 다음 반드시 보답한다.

사람들은 다양한 일들을 각기 다른 타이밍에 제안하고 인간관계를 유지하려 의무감과 에너지를 쏟아붓지만, 나에게는 이런 친밀한 네트워크를 곁에 두는 것이 그 무엇보다 소중하다. 열쇠는 대화에 균형을 이루고 의사결정을 상의하며 그 과정을 계속해서 해 나가는 것이다. 첫인상은 매우 중요하다. 최고의 네트워킹을 하는 사람들은 항상 현재 진행형이다. 그들은 항상 친절하고, 잘 차려입고, 자신을 잘 추스르며, 대화에 가치를 더하고, 다른 사람들을 기분 좋게 만들고, 순수하게 대화에 관심을 가지며 몰두한다. 등장할 때 그들은 언제나 그곳에 그 시점에 존재감을 드러낸다. 이 점이 내가 봐왔고 배웠으며 또 내가 남을 돕는 네트워크를 하는 데 본받으려 하는 방식이기도 하다.

닉 훌저,
휘스크닷컴, CEO

218

Chapter 10
교류를 장려하고 가치를 교환하기

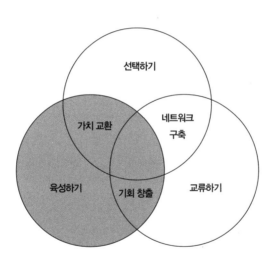

나는 고객 앤서니와 작업을 하고 있었다. 우리는 매달 갖는 멘토링 미팅을 하기로 되어 있었는데 각자가 기록해 놓은 일정에 착오가 있었다. 앤서니는 직접 대면을 위해 시내에서 나를 기다리고 있었고,

나는 그때 시드니 북쪽 해변에 있는 내 사무실에서 화상으로 연결하려고 있었다. 헐!

한 주 전에 나는 앤서니를 내 12명의 핵심인물 중 한 명인 내 치어리더 키어런에게 소개했다. 마침 그는 멘토링 미팅을 가려던 찰나에 키어런과 마주쳤다.

"안녕하세요, 키어런 씨. 지금 재닌을 만나러 가던 길이었어요."

"잘됐네요. 저도 같이 가서 그녀를 놀래켜줘야겠군요."

바로 그 순간 나는 앤서니에게 전화를 걸었고, 우리는 약속이 잘못됐다는 사실을 알아차렸다. 그런데 마법 같은 일이 일어났다.

"저도 함께 멘토링 미팅에 참여해도 될까요? 한 시간 정도 여유가 있는데요." 키어런이 제안했다.

그야말로 누이 좋고 매부 좋은 상황이 되었다. 앤서니는, 우리 둘다와 미팅을 한 셈이었는데, 한 명은 전화로 또 한 명은 대면하면서 진행해갔다. 그는 이 상황을 이렇게 얘기했다. "내가 아는 어떤 이도 나를 이와 같은 방식으로 도와주지는 못해요."

그래서 누가 당신의 뒤를 든든히 받쳐주고 있는가? 당신의 네트워크 내에 누가 당신을 돕겠다고 나서는가?

이것이 바로 연결의 힘을 보여주는 훌륭한 보기다. 그리고 당신이 추구해야 하는 네트워크란 바로 이런 네트워크다. 당신이 이러한 사실을 완전히 이해하고 있을 때, 올바른 인간관계를 돈독히 할 때, 이러한 상호 가치 교환은 유기적이면서 자연스럽게 이루어진다.

네트워크는 공유하는 경험이다. 이는 서로의 가치 교환을 바탕으로 한다.

몇 년 전 나의 네트워크 내의 지인이 유방암 판정을 받고 긴급 수술을 해야 했다. 그녀와 대화를 하던 중, 그녀는 몇몇 고객과 약속을 지켜야 하고 맡은 교육 프로그램도 있다는 사실을 알게 되었다. 그들이 새로운 고객이라 그녀는 그들을 실망시키고 싶어 하지 않았다.

"걱정하지 마세요. 제가 처리할게요. 당신을 대신해줄 사람을 찾아볼게요." 나는 그녀를 안심시켰다.

나는 연락망에 전화를 걸어 내 12명의 핵심인물 중 두 명을 찾아내 도움을 요청하고 그녀의 일을 잘 해결했다. 그들이 할 수 있었고, 또 배려했기 때문에 가능했다.

당신은 이런 유형의 인간관계를 자신의 네트워크에서 키워내야 한다.

지금쯤 당신은 왜 네트워킹이 필요하며 올바른 의도를 가지고 어떻게 접근해야 하는지 개념정리가 잘 되었겠지만, 그에 못지않게 보답으로 가치를 부여해야 한다는 사실 역시 명심해야 한다.

인간관계를 돈독히 하려는 노력이 여태껏 미미한 효과만 있었던 네트워킹에서 폭발력을 지닌 네트워킹으로 전환점이 되어준다. 자신이 어떤 사람이고 또 무엇을 이해하고 있는지 알고, 다른 사람들에게 중요한 정보나 견해 등을 기꺼이 나눌 수 있다면 다음과 같은 일들이 뒤따른다.

- 기회가 창출된다.
- 가치가 맞교환된다.
- 영향력이 증대된다.

• 교류가 변화 가능해진다.

　그래서 자신의 관계에 공을 들일 때에는 자신이 정말 어떤 사람인
지 또 무엇을 베풀 수 있는지를 스스로 질문해야 한다. 대화할 때 자
신의 전부로 전심전력하는가? 아니면 자신의 일부는 감추는가? 대화
에 앞서 누구를 만나고 또 그들을 위해 무엇을 해줄 수 있는지에 대해
순수한 관심이 있는가? 그 답례로 무엇을 제공할 수 있는가?

● 관계를 풍성하게 해주는 10가지 방법

성공적인 네트워킹을 위해 관계를 풍성하게 해주는 10가지 비법을
알아보자.

　　1. 첫인상이 중요하다.

　　2. 자신감이 관건이다.

　　3. 다른 이들이 경청하도록 목소리를 내라.

　　4. 현재 그 시점에서 경청하라.

　　5. 행동하는 사람이 되라.

　　6. 가치를 교환하라.

　　7. 자기 자신을 드러내라.

　　8. 기억되게 하라.

　　9. 자신의 에너지에 맞추라.

10. 네트워크를 생동감 넘치게 유지하라.

그럼 각각의 비법들을 자세히 살펴보자.

1. 첫인상이 중요하다

처음 학교에 가던 때부터 나의 부모님은 올바른 첫인상의 중요성에 대해 귀에 못이 박히게 말씀하셨다. 신발은 늘 반짝거려야 되고, 머리는 단정히, 옷은 다림질되어 구김이 없어야 하고, 손톱은 청결해야 했다. 부모가 된 지금 나는 아이들에게 똑같이 말하고 있다.

올바른 첫인상이 주는 중요성을 과소평가해서는 안 된다. 왜냐하면 첫인상이 이후의 이미지에도 영향을 미치기 때문이다. 뉴욕대학교의 심리학과 교수이자 인상관리Impression Management 연구가인 제임스 울리먼James Uleman은 이렇게 설명했다. "첫인상을 만들기 위한 두 번째 기회란 없다. 많은 직업적인 모임이 유사성을 가지지만 언제나 선입견은 만들어지고 인상이 형성된다." 또 그는 "당신이 만들어낸 인상이 미래의 구직 기회, 협업 또는 다른 중요한 일들에 영향을 끼칠 수 있다."라고 덧붙였다.

말콤 글래드웰은 그의 책 《블링크Bilnk》에서 "우리의 첫인상은 대부분 대체로 정확하고 오랜 시간에 걸쳐 사실로 여겨져왔다. 이는 인간스러움을 규정하는 의미의 핵심적인 부분이다."라고 언급했다.

"새로운 인물을 만나고 무언가를 재빨리 인지해야 하거나 익숙하지 않은 상황에 처하게 되면, 우리는 정보를 단편적으로 취합해서 판단

한다. 우리가 이렇게 단편적으로 나눠진 정보로 사고하고 판단하는 이유는, 그래야만 하기 때문이고 또한 매우 단편적인 정보의 세부사항에 신중히 주의를 기울여야 하는 많은 상황이 불과 1~2초만에 엄청난 정보를 말해주기 때문에 그런 능력에 의존할 수밖에 없다."

그렇다면 당신이 내비치는 당신 네트워크의 첫인상은 어떤가?
전문적? 지적인? 야심만만한? 게으른? 부주의한? 무관심한?
당신이 동의하든 그렇지 않든 직접 대면이거나 온라인상에도 겉모습은 우리의 첫 번째 거름망이 된다. 겉으로 보이는 모든 것들이 다른 사람에게는 당신의 최초의 이미지로 투영된다. 그러므로 "보기 좋은 떡이 먹기도 좋다."는 말을 새겨두라. 엄마가 그러셨다. "신발은 잘 닦아 놓고, 옷도 똑바로 입고, 셔츠 다리는 것 잊지 말고, 바지는 주름 안 가게 잘 펴서……." 주체적으로 관리하라. 첫인상은 매우 중요하다.

2. 자신감이 관건이다

고백할 것이 있다. 나는 TV 리얼리티 쇼 '보이스The Voice'의 열렬한 팬이다. 참가자들이 처음 오디션에 참가하는 과정부터 '어떻게 그런 재능을 숨기고 살 수 있었지.' 하는 와우!의 순간까지 그들의 여정을 쫓아가는 걸 좋아한다. 우리는 회를 거듭할수록 그들이 빛나고 무대에서 공연할 때마다 자신감을 얻고 자신이 꿈꿔온 목표에 점점 더 가까워지는 모습을 지켜본다. 자신을 향한 믿음, 투지, 딛고 일어서는 회복탄력성의 이야기는 언제나 영감을 주고, 그런 에너지는 전염된다.

이 여정은 자신감에 의해 좌우된다. 그리고 자신감은 널리 퍼진다. 만약에 가게 주인이나 앱 개발자가 자신감을 판매할 수만 있다면, 아마 그는 아주 쉽게 백만장자가 될 것이다.

당신이 레스토랑이나 미팅에서나 아니면 발표 장소에 있었을 때, 바로 그 사람이 걸어 들어오는 모습을 떠올려보라. 너무도 자연스럽게 모든 사람의 이목을 끄는 바로 그런 사람 말이다. 그들은 애써 누구와 눈맞춤을 하려 하지 않지만, 마치 자신만의 응원부대를 이끌고 다니는 사람 같다. 모두가 그 사람이 가진 그러한 주목받기를 원한다. 당신을 포함해서 말이다.

아우라라고 칭하거나 존재감이라고 말해도 좋다. 이를 한 가지로 축약한다면 바로 '자신감'이다. 자신이 어떤 사람인지, 원하는 것은 무엇이고, 인생과 커리어 또는 비즈니스에서 자신이 향하는 방향은 어디인지 정확히 이해하는 데서 나오는 자신감이고, 긍정적인 마인드와 자기를 믿는 태도로 생각하고 말하고 행동하는 자신감이다.

자신감은 자기 자신의 내면과 외면을 이해하는 것이다. 당신의 의도는 무엇인가? 열정은? 자신이 말하려는 바를 알고 그렇게 행동하며, 관대함과 진정성으로 남들과 기꺼이 나누려는 마음가짐이다.

자신감 가지기는 또한 자신이 모르는 분야에는 그것을 인정하고 자신의 부족함을 인지하여 유약한 부분을 보여주는 것으로 "지금 상황이 어떻게 진행되고 있는지 잘 모르겠습니다." 또는 "여기서는 뭘 해야 할지 잘 모르겠습니다."라고 표현하는 자세다.

연습을 통해서 자신감을 향상시키는 방법도 있는데, 더 많이 노력하면 할수록 자신감 역시 더 강해진다. '사용하거나 잃거나 : 자신감의 숨겨진 과학(Use It or Lose It: The Science Behind Self-Confidence)'〈포브스Forbes〉, (2015년 2월 26일자)의 저자 마지 워렐Margie Warrell은 이렇게 언급했다. "희소식은 뇌 신경 적응성에 관한 새로운 연구로, 생각과 행동에 영향을 미치는 우리의 뇌가 어느 연령대에서도 재정비할 수 있다는 사실이 밝혀졌다는 것이다."

그녀는 당신의 용기를 북돋아줄 아래와 같은 팁을 알려주었다.

- 당신이 동경하는 자신감을 이미 가지고 있듯이 행동하라.
- 당신에게 힘을 실어주는 포즈(몸짓)를 찾아라. (더 많은 정보는 에이미 커디Amy Cuddy의 테드 강연 'Your body language shapes who you are(당신의 몸짓언어가 당신이 누구인지 보여준다)'를 참고하라. 도움이 될 것이다.)
- 자신의 히어로를 좇으라.
- 자신의 원하는 바에 집중하라.
- 마음속으로 연습해보고 성공을 그려보라.

결과적으로 오직 본인만이 잘 해냈는지를 판단할 것이다. 아무도 그런 판단을 내리지 못한다. 당신이 자신의 분야에서 최고가 되기를 원하고 올바른 사람들과 올바른 방식으로 이어지기를 바란다면, 자신감은 그 무엇보다 중요하다. 스스로 가장 최악의 적이 되든 아니면 최고의 치어리더가 되든 당신에게 달려 있다.

3. 다른 이들이 경청하도록 목소리를 내라

당신은 "오! 나에게는 선택의 여지가 없어요. 아무도 내 말을 들으려고 하지 않는다고요."라는 푸념 섞인 말을 얼마나 여러 번 들어봤는가? 그래서 그들은 회의장에서나 네트워크 내의 가벼운 잡담에서 또는 날을 세운 열띤 토론에서도 대세의 흐름에 묵묵히 따라갔는가?

큰 결정을 내려야 할 때 얼마나 많은 순간 당신은 이렇게 생각해봤나? '정말 어쩔 도리가 없었다고.'

우리 모두에게는 선택권이 있다. 각자의 전문성을 가지고 가치가 더해지기를 바라고 서로 교류하는 곳에서 다른 사람들과 활발히 공유하면 된다. 아니면 조용히 앉아서 자신의 지식과 정보를 본인만 간직한 채 누가 도움을 요청할 때까지 기다린다. 가장 최악은 자신감이라곤 찾아볼 수 없는 인간 접근금지 구역에서 냉동인간 상태로 있으면 된다. '내가 하는 얘기를 어느 누가 관심이나 가지겠어?'라고 생각하면서 말이다.

당신의 견해는 소중하다. 당신의 생각, 통찰력, 지식은 소중하다. 의견이 있다면 목소리를 내라.

당신이 목소리를 내고 의견을 피력해야 하는 이유는, 그렇게 하면 당신이 변화를 이끄는 중요한 부분으로 자리매김하기 때문이다. 변화는 자기 자신뿐만 아니라 당신과 연결돼 있고 네트워크를 같이 이끌어가는 사람들에게 필수적이다. 네트워킹은 두 사람 사이에 정보를 서로 교환하는 양방향 차선 도로여야 하는데, 만약 당신이 아무런 의견도 내지 않는다면 그것은 마치 목적지 없는 일방통행 도로를 선택한 것이나 다름없다.

당신이 기꺼이 자유롭게 솔직함과 개방성을 가지고 말할 때 당신의 개인적인 성공도 이루어진다. 많은 경우 사람들은 무엇인가 발언해야 할 때조차 아무 말도 하지 않을 때가 있다. 가령 자신의 아이디어가 대다수 의견과 상반되거나 아니면 이해에 도움이 되는 혜안을 가지고 있어도 나서서 소신을 말하는 대신 침묵으로 일관한다.

당신이 자신의 의견을 충분히 나타내지 않으면 자신의 네트워크에서 행해지는 대담한 대화에 적극적인 참여성을 보여주지 못하는 것과 같다. 협력을 통해 경험을 쌓는 중요한 사항에 도움이 될 만한 기회를 배척하는 것이기도 하다. 이는 당신의 지식, 생각, 의견 또는 특기를 다른 사람들에게 제공하는 것도 아니고, 다른 사람들이 당신이 생각하는 바를 듣고 배우고 가치를 더하는 기회를 만들어내지도 못하며, 당신이 영향력을 미칠 만한 사람들에게 중요한 정보나 통찰을 나눠주는 것도 아니다.

《The Duke of His Castle(그 성의 공작)》의 저자 베라 나자리안Vera Nazarian의 말을 빌리면 이렇다. "세균을 제외하고도 하품만이 전염되는 유일한 것은 아니다. 웃음도 이 사람에서 저 사람으로 번진다. 수줍음도 마찬가지다. 하지만 가장 강력한 전염성을 띤 것은 진실을 말하려는 행동일 것이다."

자신의 목소리를 내라. 자신의 네트워크에 관련된 한 부분이 되어라. 여태껏 해왔던 틀을 깨고 자신의 의견을 당당히 말하라!

4. 현재 그 시점에서 경청하라

최근 들어 멀티태스킹이 예술 형태로 인식되면서 의사소통이 단지 정보 교환에 불과한 것으로 여겨지고 있다. 하지만 진정한 연결, 정신적 교감, 네트워킹에 숙달되기, 신체뿐만이 아니라 주의집중력, 즉 정신 역시 지금 바로 이 순간에 존재하기 같은 것들은, 소위 멀티태스킹으로부터 벗어남을 의미한다. 네트워킹에서 경청하기는 두 배로 중요하다.

대화 시 당신은 진정으로 대화에 귀 기울이고 있는가? 아니면 목을 쭉 빼서 두리번거리며 방안에 누가 있는지 혹은 다른 사람들은 무엇을 하고 있는지 확인하는가? 가까이에서 대화에 집중하는가? 아니면 한 쪽 귀로는 대화를 듣고 있지만 다른 쪽으로는 다른 대화가 귀에 들어오는가? 몸은 대화하는 장소에 있지만 반면에 마음속으로는 다른 생각에 사로잡혀 있지는 않은가? 사무실을 떠나면서 처리해야 할 일 목록, 나중에 반드시 보내야 하는 이메일, 저녁으로는 뭘 먹지 하는 잡념은 어떤가? 또는 당신이 다음으로 무슨 말을 해야 할지에 대한 생각에만 집중하고 있는 것은 아닌가?

당신에게 도움되는 네트워크를 형성한다는 것은 교감에 관한 것이다. 듣기는 교감의 매우 중요한 부분이다. 경청과 결합된 교감이 바로 이해와 기회를 만든다.

더 그로쓰 리스트The Growth List의 창업자 션 킴Sean Kim은 흘려듣기와 경청하기의 차이점을 강조했다. "우리는 대답하려고 듣지만, 사실은 이해하기 위해서 경청해야 한다."

효율적인 경청하기는 긍정적인 인간관계의 교감에 근본이 되는 기술이다. 통상 많은 사람이 모인 장소에서는 쉽사리 산만해진다. 하지만 그럼에도 불구하고 집중하고 현시점에 존재하려 노력해야 한다.

이는 언어적인 정보와 비언어적인 정보를 모두 다 듣고 관찰하는 데 있다. 눈맞춤 하고 집중하면서 모든 방해물을 제거하겠다는 의식적인 결심을 해야 한다.

꾸미지 않은 순수한 관심을 보여라. 늘 당신에 관한 것일 필요도 없고, 또 그래서도 안 된다. 누군가 말할 때 성심성의껏 듣고 말을 끊으며 참견하고 싶은 충동도 꾹 참아라. 그냥 하던 것을 멈추고 경청하라. 그들의 말이 끝나면 이제 당신의 차례가 된다.

경청하기는 신뢰를 형성한다. 당신이 진정으로 잘 들어주면 사람들은 교감한다고 느끼고, 당신이 상대방에게 가지고 있는 순수한 관심을 감지하게 되며, 결과적으로 그들은 좀 더 열린 마음으로 좀 더 솔직하게 더 많은 정보를 나누려고 한다.

사람들이 진심으로 말하는 바를 새겨들어라. 질문하고 당신 주변의 사람들에 대해 궁금해하며 어떠한 상황이 벌어지고 있는지에 대해 알려고 하라. 시간을 내어 관심을 가지려 하고 두루 살펴보라. 사람들과 친분을 쌓으라 – 그들을 제대로 알 수 있는 친분 말이다.

오직 우리가 눈을 떠 진정으로 주시했을 때만 기회를 알아볼 수 있고, 오직 귀 기울였을 때만 기회를 들을 수 있고, 오직 마음을 열 때만 그들이 진짜 누구인지 알아볼 수 있다.

이것이 바로 연결됨이자 네트워킹이다.

5. 행동하는 사람이 되라

당신이 어떤 일을 할 예정이라고 말한다면 그 일을 끝까지 밀고 나가 완수해야 한다. 이는 절대 진리로, 자신의 핵심 12명의 네트워크를 이

230

룰 때 네트워킹의 황금률이다. 당신이 누군가와 시간을 보내고 대화를 하며 서로의 의견을 나눌 때는 반드시 당신의 말이 당신의 행동과 맞는지 명심해야 한다.

이는 특히 당신의 12명의 핵심인물들과 함께할 때 더욱 중요하다. 네트워크를 보살피고 대화를 지렛대 삼아 지속적으로 가치를 교류하며 네트워크에 보탬이 되는 당신의 능력이 시간을 거쳐 인간관계를 형성하게 해줄 것이다. 이는 신뢰, 신념 그리고 진정성에 관한 문제다.

당신의 네트워크를 관리하고 키우는 데 가장 중요한 부분 중 한 가지가 미팅이나 교류를 가진 후 당신이 하는 일이다. 당신이 관계 형성을 신중히 여기고 있고, 또한 능동적이고 공손하며, 기꺼이 시간과 노력을 투자하겠다는 후속 메시지를 보내야 한다.

처음 만난 인물이든 새로이 쌓아가고 싶은 친분 또는 자신의 네트워크에 이미 있는 사람이라 할지라도 반드시 그들에게 감사의 메시지를 보내야 한다. 이는 간편하게 이메일로 전달할 수도, 아니면 조금은 옛날 방식이지만 손편지를 쓰거나 (내가 좋아하는 방식이다) 전화통화로도 대신할 수 있다.

그들이 할애해준 시간에 감사를 표하고, 그들과 나눈 대화에서 당신이 관심을 가졌던 부분을 짚어주고, 의견을 나눴던 주제와 관련 있는 분야의 자료를 보내주는 것도 고려해볼 만하다. 예를 들면 이런 자료들은 보고서나 신문기사 또는 테드 강의 영상 링크 등이 될 수 있다. 행동으로 옮기겠다는 결심이 서면 당신이 듣고 이해했던 것들을 확인하기 위해서 위와 같은 행동들을 메모해두고, 당신이 잘 활용할 수 있도록 그에 맞는 행동을 취하면 된다. 이런 행위가 장황하거나 형식적일 필요는 없으며, 간략히 교류를 인정하고 소비된 시간의 고마움을 전달하면 된다.

또 그들과 링크드인을 통해 소통하라. 당신의 데이터베이스, 요컨대 그들을 만난 장소, 그들과 나눈 대화, 당신이 채집한 정보의 흥미로운 부분 등을 기록해서 추가하도록 하라.

당신의 네트워크를 성공적으로 관리하기 위해서는 전적으로 당신이 언급한 할 일과 약속을 얼마나 잘 지키느냐에 달려 있다. 동시에 다른 사람들의 의견을 받아들이는 태도도 요구된다. 그런 요구를 무시하는 행위가 매우 무례하다는 것은 당연하다.

자기소개를 했나? 해야 할 일을 하겠다고 약속했나? 작업해오고 있는 일의 샘플을 보내는 데 동의했나? 의견 일치를 하면 반드시 후속 조치를 취하라. 자기를 소개하고 작업을 통해서 나온 결과를 업데이트해 보내면 된다.

후속 절차에 따른 스케줄을 정하도록 하라. 이는 주간별, 월간별 아니면 분기별일 수도 있다. 단지 당신이 무엇을 원할 때만 연락하지 않는다는 사실이 중요하다. 교류, 심오한 교류는 시간을 거쳐 이루어진다. 이는 신뢰와 믿음을 쌓는 것으로, 그들에게 베풀고 가치를 더하며 그들의 인생을 존중하고 이런 투자가 좀 더 변화 가능한 교류로의 발전으로 보상되리라는 믿음을 바탕으로 한다.

6. 가치를 교환하라

바라건대, 지금쯤 당신은 네트워킹이란 다른 사람으로부터 무엇인가를 얻어내는 것이 아니라 그보다는 당신이 보상으로 무엇을 제공할 수 있는가에 대한 것이라는 사실을 깨달았을 것이다. 당신이 알고 있는 것은 무엇인가? 또 당신이 알고 있는 이는 누구인가?

다른 사람과 아무런 기대감 없이 공공연히 나누는 것을 배우게 되면 나중에 그 보답으로 모든 사람이 이로움을 누린다. 정보를 주고받고 생산물이나 서비스가 자유롭게 서로에게 도움이 되는 이런 개념이 가치 교환의 기본 원리다. 강력한 네트워킹은 양방향 통로다.

가치 교환은 믿음, 신념, 진정으로 대화에 몰입할 수 있는 능력, 타인의 요구사항에 귀 기울이고, 또 어떻게 다른 사람을 도울 수 있는지 탐구하는 자세가 요구된다.

'내가 어떻게 도울 수 있을까?'라는 질문은 계속해서 순환되어 나타나야 한다. 그러면 어떤 현상이 일어날까? 인간관계의 시작점에서는 종종 당신이 더 많이 베풀어야 하지만 이는 교류의 미래 가치를 위해 차곡차곡 저축해두는 것이라 생각하면 된다.

가치 교환, 지식의 상호 교류, 기술과 정보의 공유는 신(新)화폐다. 집단적 사고, 지식과 아이디어의 활발한 공유는 모두에게 새로운 기회를 만들어낸다. 어떤 금전적인 거래도 없다. 각각의 참여자는 정보와 지식을 얻고 물론 나중에 그들의 참여로 금전적인 보상이 뒤따르게 될 수도 있지만, 그보다는 정보를 나누고 교류를 이루고 네트워크를 구축하는 것이 우선이다. 기술과 아이디어를 화폐로써 활용하는 사례가, 정보가 돈의 의미로 쓰이는 미래에는 더욱더 증가할 것이다.

우리 모두 나눌 수 있고 베풀 수 있는 무엇인가를 가지고 있다. 구직 기회, 기업 운영, 보고서, 빠른 결정에 도움이 될 정보, 시장 진출 기회 등등. 물론 그런 교류 안에서 무수한 기회들을 찾아낼 수 있다는 사실을 알고 있는 두 참여자 사이에 나누는 자기소개를 포함해서 말이다.

당신은 무엇을 내놓을 수 있는가? 당신의 네트워크와 어떤 정보를 나누어야 하는가? 도움의 손길을 보내라. 그리고 기꺼이 도우라. 중요한 문제에 대해 인간관계를 형성하고 중요한 부분에 정보를 나누며 선한 인간관계로 가꾸라. 베푸는 것이 얻는 것만큼 이롭다는 것을 보여주어라.

7. 자기 자신을 드러내라

우리는 이 책에서 당신의 네트워크에 필요한 12명의 핵심인물에 대해 이야기를 나눴다. 그렇다면 당신은 12명의 핵심인물 가운데 어디에 속하는가? 12가지 특성 중에 당신에게 가장 밀접한 특성은 무엇인가? 당신은 정보를 다른 이들과 자주 나누고 교류하는가? 아니면 그들을 내치는 사람인가?

앞 장에서 언급했듯이 당신은 다른 사람들에게 그들 인생의 다른 시점에 다른 역할을 맡는다. 어떤 이에게는 멘토가 되지만 다른 사람에겐 치어리더가 될 수 있고, 또 다른 이에겐 균형자의 역할일지 모른다. 다양한 역할을 가지는 것은 지극히 당연한 일이다.

내가 천성적인 네트워커이자 연결자라는 사실은 당신에게 전혀 놀라운 일이 아니다. 나는 늘 사람들을 서로 소개하고 상호 이익이 되는 정보를 교환한다. 나는 주로 서로 만남이 이루어지기 전에 이어주고 갑자기 전화로 불러내 인사시키기도 한다. 즉각적인 후속 조치를 하고 확실한 행동가가 되는 것이다. 하지만 내가 몇몇에게 연결자의 역할을 하지만 다른 이에게는 격려자, 멘토 또는 선생님이 된다.

자신의 역할에 대해 아는 것 아니면 적어도 그것을 염두에 두고, 자신의 네트워크 내의 사람들에게 어떻게 다른 사람을 도울 수 있고 또 어떤 가치를 더 보탤 수 있는지를 물어보는 것이 가치 교환의 순환에서 계속해서 선행을 이어가는 방법이다.

다른 사람들에게 어떠한 가치를 제공할 수 있는지 생각해보라.

8. 기억되게 하라

친한 친구와 점심 식사를 함께하면서 우리는 혁신과 틀 밖에서 사고하는 것에 대해 얘기를 주고받았다.

"재닌, 문제는 너무 많이 사람들이 평범하다는 거야." 하고 그녀가 말했다.

그녀의 말은 일리가 있었다. 너무나 많은 동일성과 애매함이 만연하고, 사람들의 말이나 행동은 정확히 예상한 그대로 흘러가며, 흥미 있고 통찰력이 발휘되고 때때로 논쟁이 될 수도 있는 대화에 참여하기보다는 사교적인 대화를 이어가야 한다는 생각에 사로잡혀 있다.

획일성은 기억할만하지도 또 성공으로 가는 열쇠도 아니다. 차별성만이 그것을 가능하도록 한다. 쏘우트 리더스 글로벌Thought Leaders Global 창립자인 매트 처치는 이를 "어떤 분야를 알기 위해 그 분야에서 알려지는 것"이라고 말했다.

자신의 독창성은 무엇인지, 자신의 대표성은 어떠하고 또 당신이 어떤 문제를 해결할 수 있는지를 파악하는 용기를 가지고, 무엇보다도 자신의 특기에 달인이 되도록 계속해서 연마하라.

자신의 별난 개성으로 기억되는 것도 좋다. 왜냐하면 우리는 뭔가 다르고 독창적이며 비범한 것을 잘 인지하는데, 나의 절친 닥터 제이슨 폭스Jason Fox가 인상적인 이유는, 단지 그의 사고방식이나 리더십뿐만 아니라 그의 독특한 빨간 머리와 수염, 그의 기이한 패션 감각과 행동거지 때문으로, 마치 세스 고딘의 대머리와 안경이 인상적인 이유와 같다.

손끝 하나로 얻어지는 수많은 정보 속에 개인의 정보 저장고를 계속해서 채워야 하는데, 그것이 온라인 최신 뉴스이든 감명 깊은 테드 강의나 보고서 등을 통해서든 상관없다. 매력 없고 지루한 것은 변명거리가 못 된다.

《The Compound Effect(복합체 효과)》의 저자 대런 하디Darren Hardy는 '쓰레기 주입, 쓰레기 배출Garbage in, Garbage out'의 개념을 이렇게 설명했다. "만약 당신이 자신을 뇌를 최상의 상태로 작동하게 하고 싶다면, 당신이 제공하는 것에 대해 좀 더 주의를 기울여야 한다." 아무 생각 없이 보는 시트콤 드라마나 TV 리얼리티쇼 등으로 머리를 채우는 것은 소위 쓰레기 주입이라는 것이다. 그의 얘기를 들어보자.

"출퇴근 드라이브 시간에 라디오에서 흘러나오는 수다 같은 것들은, 당신의 생각 프로세스를 좌지우지하고, 당신의 기대치를 조정하고, 창의적인 결과물에 영향을 끼친다. 이건 나쁜 소식이다. 하지만 지저분한 유리잔을 떠올려보라. 당신이 계속해서 깨끗한 물을 붓고 오랜 시간 충분히 반복한다면, 나중에는 유리잔에 깨끗하고 맑은 물을 담을 수 있게 된다."

하디는 쓰레기 대신 우리가 자신의 머리에 성공의 전략들, 성장을 위한 감동적인 이야기와 아이디어로 채워야 한다고 충고한다. 이것이 바로 당신을 관심이 가고 기억할 만한 인물로 만들어주는 것이다. 당신이 가진 정보, 당신이 나눈 아이디어, 그리고 당신의 손가락 끝에서 나오는 이야기들로 말이다.

나는 개인적인 잡동사니와 생각을 걸러주는 거름망을 가지고 있다. TV는 아주 조금만 시청하며, 신문을 읽지도 뉴스를 듣지도 않는다. 관련된 소식을 놓치지 않고 따라갈 수 있도록 채울거리를 엄격히 선정하고, 내 지식에 도움이 되는 주요 출판물을 구독하고 있으며, 매주 나 자신과 커피데이트를 마련해 책의 발췌본을 읽거나 테드 강의 등을 청취한다. 그리고 독서를 한다, 방대하게!

그렇다면 무엇이 당신에게 영향을 주는지 스스로 질문해보라. 당신은 '사람들로부터 관심받고 기억될 만한' 저장소를 어떻게 채우고 있는가?

9. 자신의 에너지에 맞추라

종종 당신은 무기력함을 느끼고 다른 장소에 있게 되기를 바라곤 한다. 이것이 대화와 교류의 최대 걸림돌 중의 하나다. 당신이 대화에 참여하지도 또 마음이 거기에 있지도 않은데 누가 당신과 이야기하는 데 흥미를 가지겠는가?

자신의 에너지가 어디에서 나오고 어느 지점에서 최상의 상태에 이를 수 있고, 또 자신의 능력을 최대치(앞서 8장에서 언급했듯이 당신이 내성적인가 또는 외향적인가에 따라 다르다)로 발휘할 수 있는지 이해하는 것은 매우 중요하다.

외향적이라면 수많은 일이 벌어지고 있는 대규모의 네트워킹 행사를 선호할 것이다. 당신은 군중과 소음에서 뿜어져 나오는 집단적인 에너지에 영감을 얻어 당장이라도 세상을 껴안을 듯 벅차오르는 감정을 느끼게 될 것이다. 반면 내성적인 인물이라면 조용한 장소에서 소규모 모임을 통해 좀 더 심사숙고하고 깊은 대화에 참여하는 것을 더 좋아할 것이다.

옳고 그름은 없지만 한 가지 잘못된 방법을 꼽으라면 자신이 좋아하지도 않는 방식을 지속해서 스스로 강요하거나 강요받는 것이다. 물론 때로는 좋아하지 않아도 끌어안아야 할 때가 있지만, 늘 그래서는 안 된다. 기운 빠지고 예민해지는 기분이 들면 어떤 가치도 우러나오지 못한다. 무엇이 자신에게 적합한가를 연구해보고, 거기에 맞춰 – 남이 해 놓은 프로그램이 아닌 – 따라가도록 하라. 자신의 타고난 성향을 기꺼이 존중하라.

당신이 본인의 일을 즐기면 좀 더 활기차게 되고 이로 인해 자체발광하게 된다. 좀 더 현시점에 존재하게 되고, 그래서 좀 더 많은 가치가 뿜어져 나온다. 자존감을 가지기 위해서 또 목표를 이루기 위해서 자신이 하는 일을 사랑해야 한다. 그렇게 되면 일은 즐거움이 되고 자신 주변에 일어나는 일과 연결감을 유지하게 된다.

자신이 하는 일에 열정을 가지면 무한대의 에너지를 얻게 되고, 이 자체로 파급력을 가지게 되어 자연스럽게 자신과 생각이 비슷한 사람들을 끌어당기게 된다. "자신 내부의 네트워커를 잘 활용하면 당신을 향한 쏠림현상이 시작될 것이다." 데보라 잭Devora Zack은 말했다.

10. 네트워크가 생기 넘치도록 유지하라

자신의 네트워크를 잘 성장시키고 늘 가치에 보탬이 되는 기회를 찾아라.

주도하되 대가를 바라지는 마라. 이런 식으로 계속 베풀다 보면 나중에 당신에게 되돌아온다고 약속할 수 있다. 이는 당신의 개인적인 자리매김과 명성에 힘을 실어주고, 사람들이 당신을 신뢰할 수 있고, 중요한 인간관계를 쌓기 위해 기꺼이 노력하는 사람이라고 여기게 된다.

당신은 일대일로, 다수에서 다수로, 더 많이에서 더 많이로 영향력을 미칠 수 있는 능력을 지니게 된다. 당신의 팀원, 당신의 동료, 당신의 리더들, 당신의 자녀들, 지인의 친구들, 당신의 친구들, 당신의 가족 등등. 하지만 진정한 감화에는 한 가지 아주 중요한 전제가 필요하다. 당신은 반드시 본연의 당신 그 자체여야 하고, 관심을 받아야 하고, 스스로 잘 갖춰져 있어야 한다.

정기적인 의사소통은 이렇게 진행된다. 다시 한번 더 강조하지만, 당신에게 무엇인가 필요해서 중요할 때만 사람들에게 연락하는 일은 하지 말라고 당부한다. 시간을 내어 자신의 네트워크 안의 핵심인물들에 대해 생각해보라. 그들은 지금 어떤 도움이 되고 있는가? 당신이 그들과 함께 도울 수 있는 부분에 그들은 지금 어떻게 일을 진행하고 있는가? 당신이 그들의 진행 상황을 점검해보고자 연락을 취했을 때, 그들의 생활이나 직장에 어떤 일들이 일어나고 있는가? "안녕하세요. 어떻게 지내세요?"라는 간단한 인사말도 큰 도움이 된다.

자신의 네트워크를 구축하고 키우고 보강하는 것은 다음과 같다.

- 다른 사람들을 활발하게 홍보한다.
- 네트워크 안에서, 네트워크를 가로질러 연결을 만들고 참여한다.
- 다른 사람들을 위한 판매 기회와 지원을 유도한다.
- 대가로 어떤 것도 기대하지 않는다.
- 지속적이고 꾸준히 인간관계에 가치를 더한다.
- 봉사하고 도움을 구하고 그들이 당신을 응원할 수 있도록 신뢰한다.

당신에게 전해지는 정보와 새로운 연계가 만들어지는 것에 대해 호기심을 가져라. 당신의 네트워크 안에서 그것들이 어떻게 당신의 핵심 12명에게 도움이 될까? 나눌 만한 가치가 있는 것들을 읽고 듣고 보는가? 당신의 도움 중에 지금 당장 네트워크 안의 사람들에게 필요한 것은 무엇인가? 당신의 핵심 네트워크 인물들이 도움에 대한 감사함의 표시를 보낸다면 당신은 무엇을 할 수 있나? 의사소통을 통해 정기적이면서도 계속해서 가치를 보태는 것이 필수적이다. 다른 이의 꿈을 들어주고, 그들의 꿈을 응원하는 당신이 알고 있는 것과 알고 있는 사람들을 기꺼이 공유하라.

오직 인간관계를 잘 선택하고 연결하고 가꾸는 올바른 방법으로 네트워크를 할 때만 중요하면서도 효과적인 네트워크를 구축할 수 있다.

자신의 가치 시스템, 성실성 그리고 가치를 더하는 능력을 알리도록 하라. 무엇인가를 알려고 할 때 그것에 대해 알려진 인물이 되도록 하라. 계속해서 취득하면서 절대로 베풀지 않는 사람보다는 다른 사람들이 알고 싶어 하는 인물로 알려지도록 하라.

당신의 네트워크가 당신의 성공을 가속하고, 당신을 현재로부터 미래로 변화시키며, 당신의 능력을 최대로 끌어올려주고, 주위 사람들에게 영향을 미치도록 해줄 것이다.

● "계속되는 베풂이 주는 선물"

홀리 랜섬은 글로벌 리더와 조직 그리고 정부 기관에서 일하는 변화와 혁신의 선두주자들과 작업하는 기업 '이머전트'의 CEO다. 그녀는 2012년에 호주에서 선정한 '가장 영향력 있는 100인의 여성' 가운데 가장 최연소로 이름을 올렸고, 22세에 세계 최연소로 로터리Rotary 회장이 되었다.

그녀는 자신의 성공을, 예를 들면 G20이나 UN에서 일했던 경험 등 자신의 주변이 사이먼 사이넥, 버락 오바마Barak Obama 전 대통령, 제닌 앨리스Jenine Allis를 포함한 가장 훌륭한 최고의 리더들, 막강한 영향력을 행사하는 인물들, 이론가 등의 인물들로 전략적으로 둘러싸여 있었기 때문이라고 공을 돌렸다. 그녀는 영향력 있고 가치 있는 변화를 이끌어내는 사람으로서, 자신의 능력은 자신이 선택한 응원부대로부터 나온다는 사실을 인지하고 있었다.

내가 그녀에게 그녀의 멘토가 하는 중요한 역할에 대해 묻자 그녀는 이런 농담을 건넸다. "아이 하나 키우는 데 마을 전체가 힘을 합쳐야 하고, 그 아이를 젊은 여성으로 성장시키는 데 군부대 전체가 나서야 하는 거 아시죠?" 그러면서 그녀는 덧붙였다.

"조금은 '다른' 아이로 성장하면서 저에게 용기와 조언을 해주는 나의 멘토들과 사랑하는 할머니에게 많이 의지했어요. 그리고 다른 사람들로부터 배우고 그들과 교류하는 기회를 위해 제 고향인 서호주 지역단체의 도움도요."

홀리는 우리가 진솔하고 진정성 있는 인간관계를 맺고, 올바른 사람들과 맞닿아 있을 때 일어날 수 있는 대변신의 훌륭한 사례가 된다.

"사람이 저에게는 가장 중요한 전부입니다." 그녀가 얘기했다. "나에게 성공이란 제가 사랑하고 소중히 여기는 사람들과 의미 있는 시간을 보내고, 그들의 성장, 발전 그리고 여정을 위해 제가 힘닿는 데까지 도와주는 것입니다. 거래적인 인간관계의 개념은 저를 무척 기운 빠지게 만들죠. 저는 언제나 제 인생에서 멘토들이 해주는 역할에 얼마나 감사함을 느끼는지 그들이 알도록 노력합니다."

그녀는 자신이 얻는 것 그리고 베푸는 것 – 물론 그 가치는 계속해서 베푸는 데 있다 – 에 대해 확인하는 데 열정을 쏟는다. "제게 멘티들이 있다는 사실이 행운으로 느껴집니다. 저 역시 그들에게서 많이 배우죠. 그들이 향하는 진로에 잠재한 문제점과 기회들에 도움이 되고자 많은 것을 알려주는 데 주력하고 있습니다."

마치는 글

"재닌! 어떻게 네트워크를 하면 좋을까요? 내 인생이 성장하도록 도와줄 안성맞춤의 역량을 가진 올바른 인물들을 어떻게 찾아낼 수 있을까요?"와 같은 끊임없는 질문들에 답하고자 이 책을 쓰기로 결심했다.

자, 이제 당신이 이 책을 읽었으니 위의 두 질문의 답이 분명해졌을 것이다.

자리를 박차고, 일어나 시작하라.

책에 실린 조언이나 전략 등을 실천하지 않으면서 이 책을 읽는 것은 무용지물이다. 아니 정신 나간 일인지도 모른다!

보아왔듯이 전략적이면서도 스마트한 네트워크를 만드는 일이 관건으로, 그러기 위해서는 자신이 전체 과정을 두루 아울러야 하고, 본인의 네트워크와 12명의 핵심인물과의 연결관계, 그리고 궁극적으로 자신의 인생을 발전시키는 데 시간과 노력을 기꺼이 쏟아야 한다.

이 책에 언급된 모든 것은 나 자신이 직접 가르치고 시도해본 것들이다. 2000년 호주에 처음 입성했을 무렵, 나는 이미 영국에서 안정된 커리어와 네트워크를 가지고 있었다. 하지만 나는 그 모든 것을 뒤로 한 채, 새로운 장소에서 다시 시작해야 했다. 새로 직장을 찾고, 나의 명성을 구축하고, 삶을 이어가고, 커리어를 다시 쌓아야 했다.

초창기에는 나의 경력과 비즈니스를 키우는 네트워킹에만 주력했는데 명함이나 연락처 등을 주고받는 거래적인 교환에 그치는 수준이었다. 하지만 내가 성장함에 따라 나의 사고도 확장되었고, 나는 함께 협력하는 사람들과 공동의 작업을 통해 변화를 이끌고 서로 성장 동력이 되어주는 단단하고 연결되고 신뢰하는 네트워크의 힘을 실감하게 되었다.

나의 네트워크가 나의 든든한 버팀목이다. 내 여정에는 항상 올바른 사람들이 함께한다. '선생님'은 내가 생각을 펼치는 데 도움을 주고 더 깊이 파고들라고 요구한다. '촉진자'는 나를 동기부여해주고 새로운 기회에 접속할 수 있도록 해준다. '버트 키커'는 나를 집중하게 만들고 제대로 된 방향으로 이끌어준다. 그리고 엄마이자, 부인, 기업가, 사업주, 독지가, 몽상가, 연결자, 건강 신봉자 혹은 친구의 역할을 하는 나의 곁을 묵묵히 지키는 '정비담당자'의 도움도 빼놓을 수 없다.

나는 긍정적이고 넓은 시야로 할 수 있다는 마음가짐을 가진 사람들을 곁에 두려 한다. 올바른 사람들이 나를 둘러싸고 있도록 노력한다. 이것이 나를 힘 나게 하는 동력이 되며, 내 발걸음을 가볍게 해주고 마음속에 자라고 있는 아이디어의 씨앗에 물을 주는 존재들이다. 나의 멘토가 일렀듯이 이는 내가 좋아하는 일을 내가 원하는 방식으로 내가 좋아하는 사람들과 함께 하는 것이다.

이제 당신은 준비되었다. 당신은 개인적으로나 직업적으로 이루고 싶은 것이 그 무엇이든 이를 도와줄, 당신에게 최적화된 12명의 인물들로 구성된 네트워크를 구축할 충분한 역량을 갖추었다.

생각과 아이디어가 자유로이 흐르도록 하고, 핵심 12명의 기본 개념을 이해해서 책의 관련 내용을 참고해가며, 당신이 여태까지 배웠던 것을 실행에 옮겨보라. 자신의 네트워크를 다시 들여다보고, 당신에게 필요한 인물을 찾아라. 올바른 사람들과 올바른 방식으로 교류하고, 그런 관계가 오랜 시간 동안 유지되는 자신만의 네트워크로 발전할 수 있도록 영향력을 갖추도록 하라.

맨 처음 당신이 이 책을 왜 선택했는지를 상기하라. 아마 당신은 네트워크를 어떻게 좀 더 효과적으로 운영할 수 있는지에 대해 궁금증을 가지고 있었거나, 아니면 자신이 세상과 동떨어진 기분이 들어서였을 수도 있고, 도움이나 동기부여가 필요해서 또는 단순히 좀 더 스마트하고 성공적인 네트워킹 방식에 대해 알고 싶은 생각 때문이었을 것이다.

그래서 당신은 자신에게 필요한 모든 정보를 손에 넣었다. 이제는 그것을 가지고 어떻게 활용할지 그리고 어떻게 시작할지는 당신에게 달려 있다. 부디 당신 주위에 만연한 토네이도급 속도에 당신의 네트워크가 휘둘리지 않기를 바란다. 주도권을 쥐고 당신에게 도움을 줄 특별한 것으로 만들어라.

네트워킹은 중요하며 앞으로도 그러하겠지만, 무엇보다 가장 중요한 것은 당신 자신의 네트워크다.

그 성패는 당신이 누구를 알고 있는가에 달려 있고, 그것이 의미하는 바는 당신과 함께 그리고 당신에게 도움이 될 만한 작지만 튼튼하고 전략적인 네트워크가 자신을 둘러싸고 있는가이다.

그러므로 시작하라! 자리에서 일어나 당신의 네트워크를 만들어라. 당신이 누구를 알고 있는지 찾아 나설 시간이다.

최종 체크리스트

이 부분이 이 책에서 가장 중요한 체크리스트다.

앞서 논의했듯이 우리가 책을 통해서 밟아온 여정은 단지 계획만 세우고 내버려두는 행동이 아니다. 책상 앞에 붙여 놓거나 스케줄 표에 표시해둘 한 가지 체크리스트를 다운로드하거나 출력한다면, 아래의 체크리스트를 활용하라.

전략적인 네트워크 체크리스트

PART I: WHY

☐ <u>자신의 마음가짐을 분리에서 연결로 전환하라.</u>

소셜미디어의 폭발력은 소위 '연결감'의 엄청난 증가 못지않게 '분리'라는 감정 역시 확산시켰다.

소셜미디어는 한 방향 소통을 부추긴다. 물론 우리는 연결되어 있지만, 그 모양새는 서로에게나 실제 세상보다는 가상 세계에서 더 그렇다. 반면 효과적인 네트워킹은 정보와 가치의 상호 교환이라는 양방향 소통이 그 기반이다.

관건은 우리 주위에 전략적인 교류를 구축하면서 양질의 사고와 새로운 관점을 제시하는 무리의 사람들을 집약하는 데 있다.

더 가치 있는 네트워크 쌓기란 본인의 네트워크에 대한 주인의식을 갖고 관리하고, 전략적인 신중함으로 자신의 행동과 교류를 취하는 것을 의미한다. 네트워크가 그 누구의 것도 아닌 바로 자신의 것이라는 소명을 가지고, 지속적인 재분석을 통해 당신의 변화하는 요구들을 만족시킬 수 있도록 계속해서 발전시켜 나가야 한다.

□ 자신이 어떤 방식으로 네트워크를 하고 있는지 재고해보라. — 거래적인 네트워크에서 변화 가능한 네트워크로

자신의 네트워크를 다시 생각해보는 것은 기존의 거래적인 네트워크나 일반적인 방식의 네트워크에서 벗어나 변화 가능한 네트워크로 향하는 첫걸음이다.

거래적인 네트워크도 중요하지만, 개인의 사적인 네트워크와 관련되는 변화 가능한 네트워크가 더욱 중요하다. 알다시피 네트워킹은 얄팍하고 표면적이며 비효율적일 수 있다. 그래서 우리는 단지 거래하려고 너무나 많은 사람에게 너무나 많은 것을 하려는 행위를 그만두어야 한다. 자신의 핵심 네트워크에만 집중하라. 그러면 상통한 비

전과 목표로 서로 신뢰를 형성할 수 있고, 모두에게 이로운 가치 교환도 이룰 수 있다.

지속적인 가치를 더하는 네트워크를 구축하기 위해서 자신이 누구를 알고 있는지, 자신의 목표 그리고 그것을 어떻게 달성할 수 있는지, 계속해서 재평가와 재분석 과정을 거쳐야 한다. 그러기 위해서는 당신이 가는 길을 이해해줄 수 있는 사람들이 필요하며 특히 변화가 있을 때는 더욱 그러하다.

어떤 형태라도 효율적인 네트워크 구축을 시작하기 위해서는 다른 가능성과 인물을 탐색해보는 의도적인 결정을 내려야 하고, 그런 다음 계획한 일을 실행하는 것이 좋다. 이는 반드시 행동을 취해야만 네트워킹이 개인의 가치를 전달하기 시작한다.

□ 미래의 성공을 앞당겨줄 강력한 집단 네트워크로 전환하라.

개인의 성장을 위한 네트워크 구축은, 올바른 사람들과 교류하고 협력하고, 그들이 추구하는 목표와 포부를 이해하고, 집단적인 관심으로 본인 자신과 그룹 전체의 성장으로 발전시키려는 개개인이 모여 개방적으로 나누는 정보와 통찰에 달려 있다. 더 빨리 움직이려면 오직 함께 움직이는 법을 배울 때만 비로소 가능하다.

열쇠는 다양한 분야의 사람들과 교류하는 것인데, 왜냐하면 다양성을 통해서 당신은 경쟁력 있는 이점을 확보할 수 있기 때문이다.

성공적인 네트워크의 중심에는 단지 거래하는 것보다 한 수 위인 서로에게 혜택이 되는 과정인 '가치 교환'의 개념이 자리 잡고 있다.

영향력을 발휘하기 위해서는 자신의 주변이 어떠한지 살펴봐야 한다. 당신의 네트워크는 반드시 핵심 필요조건을 다 충족하고 있어야 한다. 이를 마치 '정보 은행'이나 마케팅 전문가 아니면 응원부대와 같이 개인의 자문단이라 간주해보라.

당신의 네트워크는 당신이 그리는 더 큰 그림의 목표와 꿈을 이해할 것이다. 그들은 당신의 검증단이 되어주고, 당신의 사고가 구체화되도록 도와줄 것이다. 또 그들은 당신이 몰두할 수 있게 돕고, 힘든 시기에도 평정심을 유지하도록 해주며, 당신의 허기짐과 신념을 채워줄 것이다.

PART II : WHO

☐ 현재 자신의 네트워크에 누가 있는지 분류하라.

기존의 거래적인 네트워크에서 전략적이고 변화 가능한 네트워크로 전환하기 위해서는 먼저 지금 자신의 네트워크에 누가 있는지를 검토해야 한다. 네트워크를 변화시키거나 발전시키기 이전에, 자신의 현재 네트워크가 어떤 상황인지 이해하고 있어야 한다. 여기에는 몇몇 분류 작업이 필요하다.

이런 분류 작업이 당신에게 어떤 도움을 주는지 알아보자.

- 지금 자신의 네트워크에 누가 있는지 알게 해준다.
- 자신 네트워크의 진정한 다양성과 공동성(집합성)을 평가한다.
- 존재할 수도 있는 불균형을 부각시킨다.

대개 우리는 대부분 시간을 같이 보내거나 연락을 자주 하는 사람에게 끌린다. '동질감'이 느껴지는 무리에게 이끌리고, 자신의 안전지대에 상주하며, 자신을 떠밀지 않고 지금 상태 그대로 받아들이려고 한다.

튼튼한 전략적 네트워크는 다양성에 의해 좌우되는데, 이 다양성이란 성별, 나이, 경험, 문화, 산업, 조직, 지정학적 장소, 의견과 인식의 차이점에 대한 가치 부여, 그리고 틀에 얽매이지 않는 사고 등을 의미한다.

□ 당신의 네트워크에 반드시 있어야 할 Core 4의 인물을 살펴라.

전략적인 네트워크를 구성할 때 당신의 첫 번째 과제는, 당신의 연결관계의 4가지 유형에 해당하는 각 한 명의 인물을 찾는 것이다. 이 4가지 특성 유형 파악이 네트워크 구축의 시작점이 되어야 한다.

Core 4는 촉진자(당신의 개인 챔피언이 되고 영감을 준다), 정비담당자(당신을 올바른 방향으로 이끌어주고 보살펴준다), 선생님(당신의 지식과 지혜를 확장하며 매일 당신이 더 많은 것을 알도록 요구한다), 그리고 버트키커(자신의 행동과 결정에 책임지도록 뒷받침한다)를 포함한다.

Core 4 구축이 균형 잡히고 다양한 네트워크를 형성하는 데 도움이 될 것이다.

기억하라! 네트워크가 형성된 후에는 정체된 상태가 아니다. 이것은 당신과 당신의 목표와 요구사항이 바뀜에 따라 계속해서 변하는 생명력을 가진 숨 쉬는 존재다.

□ 현재의 성공을 위한 12명의 주요 인물과 특성을 찾아라.

Core 4를 찾는 것이 네트워크의 출발점이지만 당신의 목표를 앞당겨줄 성장 동력은 12명의 인물들과 각각의 특성이 서로 협력하는 연결체로 확장될 때 발휘되기 시작된다.

양질의 12명의 네트워크는 당신의 미래를 전략적으로 구축해주고, 기회를 만들어내며, 상호 가치 교환이 이루어지고, 영감을 주는 사고와 폭발적인 성장을 가속한다.

4가지 유형에 들어갈 12명의 인물과 그 특성은 다음과 같다. **촉진자** - 치어리더, 탐험가, 격려자, **정비담당자** - 연인, 연결자, 균형자, **선생님** - 인플루언서, 교수, 설계자, **버트 키커** - 조언가, 추진자 그리고 멘토이다.

당신에게는 이 주요 12인의 특성 유형을 대표할 각 한 사람의 인물만 필요하다. 이것이 시사하는 바는 당신이 이 특정 역할을 해낼 적절한 인물을 찾아야 한다는 의미이지만, 동시에 네트워크 내의 다른 사람들도 재평가해보고 또 당신 네트워크의 다양성을 확장해주는 다른 인물도 찾아야 한다는 뜻이기도 하다.

주도권을 가지고 올바른 사람들과 당신이 전략적으로 보조를 같이 맞추는 것이야말로 자신의 목표와 이상을 빠르게 이룰 수 있는 최고의 방법이다.

□ 전혀 도움이 되지 않는 어둠의 12명은 멀리하라.

전략적인 네트워크를 구축하는 것은 단지 주요 12명을 파악하는 것이 아니라 그들이 반드시 안성맞춤의 인물들이어야 한다는 뜻이다.

인생의 어떤 성공이라도 주위에 올바른 동지들을 곁에 두는 것은 필수적이다.

습관이건 타성이건 우리는 우리의 에너지, 영감 그리고 성장 동력을 빼앗는 개인적이거나 직업적인 친분에 인내심을 갖는다. 인생에 당신의 발전을 저해하는 그 어떠한 부정적인 사람들을 알아차리면, 어느 정도의 시간을 그들에게 할애할지 - 그들에게 쏟아야 하는 시간이 꼭 필요하다면 - 결정해야 한다.

당신의 잠재력을 한정시키고 목표와 성공에 걸림돌이 되는 어둠의 인물들은 다음의 4가지 유형에 속한다. 당신이 별 볼일 없게 되기를 바라는 **파괴자** - 방해 공작원, 등에 칼 꽂는 자, 꿈 절도범, 당신이 덜 신경 쓰기를 바라는 **모략가** - 배신자, 자아도취자, 에너지 뱀파이어, 당신이 덜 알기를 바라는 **심판자** - 회의론자, 꼬리표 붙이는 자, 악당 그리고 당신이 덜 하기를 바라는 **싸움꾼** - 깡패, 거짓말쟁이, 비평가 등이 있다.

당신의 성공이 다른 사람들에게 미치는 효과에 대해 인지하는 것은 선택권을 가져다주는데, 자신의 네트워크에서 누구를 배제할 것인가는 누구를 곁에 둘 것인가 만큼 중요한 문제다. 자신의 네트워크에서 주요 인물을 관리하고 주도권을 행사함으로써 당신의 네트워크가 당신에게 기여하도록 만들 수 있다.

PART III : HOW

☐ 자신이 누구이고 또 원하는 목표가 무엇인지 명확히 하라.

효율적인 네트워크를 구축하기 위해서는 반드시 본인이 추구하는 목표와 포부가 무엇인지, 그리고 다른 사람이 당신의 목표와 포부를 이루도록 어떻게 도울 수 있는지, 그래서 당신은 그들에게 어떻게 보답할 수 있는지가 분명해야 한다. 당신은 자신의 유용성을 인지해야 하고, 자신의 장점과 약점을 파악해야 하며, 무엇보다 진정성 있고 진실해야 하는데, 자기 자신에 대한 비전과 자신의 인생과 커리어에서 이루고 싶은 것을 이해하는 진정성과 진실됨이 바탕이 된다.

자신만의 전문분야는 무엇인가? 그것을 자기 것으로 만들었는가? 당신이 어느 분야를 안다고 알려지게 되면, 당신의 능력은 무리 속에서 독보적으로 두각을 나타내게 될 것이다.

자신이 가진 브랜드에 대해 자신은 누구이고 무엇을 지향하며 그리고 왜 그런지 그 이유에 명확성을 띠는 것이 자신에게 도움되는 네트워크 구축을 가능하게 한다. 자신의 타고난 스타일을 받아들이고 자신의 장점을 더 갈고 닦을 때 비로소 변화를 맛보게 된다. 또 인생에서 선택을 자신의 기질에 맞추면, 그야말로 내재한 에너지가 무장해제되어 뿜어져 나온다.

당신이 해야 할 일은 용기를 가지고 자기 자신을 믿으며 겁먹지 말아야 한다. 여태껏 고집했던 자신의 방식에서 벗어나 지금 하는 것을 바꾸고, 자신 네트워크의 주도권을 잡아서 미래의 성공을 향해 가는 것은 전적으로 당신 자신에게 달려 있다.

☐ 올바른 사람들과 올바른 방식으로 교류하라.

네트워크를 성공적으로 이끌기 위해서는 당신을 발전시키고 당신의 사고에 문제를 제기하고 당신의 결정에 책임을 지도록 해주는 사람들이 지속적으로 당신 주위에 포진하고 있어야 한다.

누구와 교류를 해야 할지를 전략적으로 생각해보고, 자신을 그런 인물에게 소개해줄 수 있는 사람을 살펴보라. 자신에게 필요한 부분이 누구이고 무엇인지 분명히 하고, 호기심을 가지고 무슨 일들이 일어나고 있는지 탐색해가며, 무엇이 자신에게 도움이 되고 도움이 안 될지를 판단해서 결정하라.

자신의 안전지대로부터 벗어나는 것을 주저하지 마라. 자신 주위에 기존의 익숙함과 안전함으로 교류하던 장소에서 떨어져 나와 다른 곳을 탐구해보라. 명심하라! 이것은 당신의 여정이고 당신의 네트워크다.

교류란 단순히 "이제 교류하며 지내보자." 해서 시작되는 것이 아니라, 온전히 전념하고 가치를 나누며 선두에 서서 네트워크 내의 다른 사람들에게 모범을 보이며, 그래서 당신이 추구하는 행동의 본보기를 사람들에게 제시해야 한다.

정기적으로 자신의 네트워크를 재검토하는 시간을 갖는 것은 매우 중요하다. 변화 가능한 네트워크로 발전시키는 것은 진행형 과정으로, 이는 무언가가 필요할 때만 켜고 그렇지 않으면 꺼버리는 스위치가 아님을 새겨두라.

☐ 인간관계와 상호 가치 교환, 모두에게 중요한 통찰과 정보의 공유를 발전시켜라.

네트워킹은 경험의 나눔이다. 당신이 자신의 네트워크에 확신을 가지고 또 자신이 누구이고 자신이 알고 있는 것들, 다른 사람들에게도 요긴한 정보와 통찰을 기꺼이 공유하는 마음가짐을 가질 때, 기회, 가치 교환 그리고 당신의 영향력이 생기게 된다. 바로 서로 간의 교류가 변화 가능해지는 순간이다.

성공적인 네트워크를 위한 당신의 인간관계를 더욱더 다듬어줄 10가지 비법을 알아보자.

1. 첫인상이 중요하다.

2. 자신감이 관건이다.

3. 다른 이들이 경청하도록 목소리를 내라.

4. 현재 그 시점에서 경청하라.

5. 행동하는 사람이 되라.

6. 가치를 교환하라.

7. 자기 자신을 드러내라.

8. 기억되게 하라.

9. 자신의 에너지에 맞추라.

10. 네트워크를 생동감 넘치게 유지하라.

당신의 가치관, 성실성 그리고 능력이 알려지면 자연스레 가치가 더해진다. 명성을 가지되, 늘 끊임없이 편의를 취할 뿐 절대 베푸는 법이 없는 사람이라는 인식보다는 다른 사람들이 호기심으로 알고 싶어 하는 사람이 되도록 하라.

당신의 네트워크가 당신의 성공에 날개를 달아줄 것이며, 당신의 현재를 미래로 변화시키고, 당신의 능력을 최대치로 끌어올려 주위의 다른 사람들에게 영향을 끼칠 수 있도록 만들어줄 것이다.

작지만 전략적이고 강력한 네트워크는 협업과 교류에 달려 있다. 하지만 무엇보다도 그 과정이 흥미롭고 신나야 한다! 그 마법 같은 일들이 가득할 여정을 즐기는 것을 잊지 마라. 단언컨대 이 여정이 단지 당신의 네트워크만 변신시키는 것이 아니라 당신의 인생도 바꿔줄 것이라 믿어 의심치 않는다.

감사의 글

이 책은 나의 사고를 향상하고 자신들의 네트워킹 활동에 질문하고 참여하는 것을 허락하고 또한 내가 계속해서 나아갈 수 있도록 격려해준 친구들 가족, 동료들, 고객인 나의 네트워크, 즉 추진자, 정비담당자, 선생님, 그리고 버트 키커의 역할을 해준 이들의 도움이 없었다면 세상 밖으로 나오지 못했다. 그대들이 없었던들 이 책은 불가능했다고 모두에게 가슴 깊은 곳에서 우러나오는 심심한 감사를 전하고 싶다.

책이 내 머리에서 종이로 인쇄되어 나올 수 있도록 도와준 내 주위의 특별하고 재능있는 분들에게도 무한한 고마움을 전한다. 훌륭한 에디터인 켈리 어빙Kelly Irving, 무수한 날들의 늦은 야근 그리고 주말도 반납해서 책에 쏟은 그녀의 열정과 사랑은 영원히 감사함으로 남을 것이다. 홍보팀의 멋진 팀원들, 그 가운데서도 특별히 천재적인 디자

258

인과 내 형편없는 밑그림을 근사하게 재탄생시켜준 엠마 배니스터 Emma Bannister와 사라 메리엇Sarah Marriot에게 감사함을 전한다. 더불어 와일리 출판사의 전 직원들이 - 루시 레이몬드Lucy Raymond, 크리스 쇼튼 Chris Shorten, 젬 베이Jem Bates, 잉그리드 본드Ingrid Bond 그리고 테오 바실리Theo Bassili - 보내준 격려와 응원 역시 감사하다.

또한 늘 최상의 상태를 유지하고 고객 만족을 살피며 한 단계 더 앞으로 나아가는 방법을 제시하는 등 측면에서 아낌없이 지원한 나의 팀원 리사 던Lias Dunne의 솜씨도 탁월했다. 나와 같이 큰 사고를 품고 나의 끊임없는 대화에도 귀 기울이며 함께 전략을 세우고 나의 사고를 확장하고, 내가 진실하고 작업의 궤적에서 벗어나지 않도록 다독여준 리 어셔Lee Usher, 멜리사 브라운Melissa Browne, 스콧 이톤Scott Eathorne 에게도 감사함을 전한다.

더 넓게 사고하고 더 성장하는 대화로 나에게 영감을 불어 넣어준 사려 깊은 동료들과 친구들 덕분에 이 책을 집필할 수 있는 용기를 얻었다. 그리고 사업의 시작에서부터 오늘날 사업 파트너의 위치에 이르기까지 나의 지도자이자 멘토가 되어준 매트 처치Matt Church에게 무한한 감사를 표한다. 개개인으로서 그대들 자신뿐만 아니라 지속적인 격려의 말들을 해준 린 카잘리Lynne Cazaly, 피트 쿡Pete Cook, 닥터 제이슨 폭스Dr. Jason Fox, 댄 그레고리Dan Gregory, 가브리엘 돌란Gabrielle Dolan, 크리스티나 귀도티Christina Guidotti 역시 감사하다. 연계도 설명서 제작을 위해 주말마다 참석하고 나의 혼란스러움을 미래의 전망으로 바라보는 방법을 제시하고 매번 나를 웃게 만든 - 계속 그렇게 해주시길! - 키어런 플래니건Kieran Flanagan에게도 고마움을 전한다. 그대들이 보여준 응원과 우정에 나는 무척 행복할 따름이다.

리사 메신저Lisa Messenger 당신은 나뿐만 아니라 수많은 사람에게 귀 감이 된다. 당신의 무한한 도움과 크게 사고하라는 격려, 그리고 현실 안주에 경종을 울리는 충고에 감사드린다. 당신은 내가 공동대표 직을 내려놓는 이 여정의 처음부터 나와 함께 해왔으며, 여기 이 순간에도 아낌없이 보내주는 협조에 머리 숙여 감사드리고, 책의 추천의 글에 기꺼이 시간을 할애해준 노고에 경의를 표한다.

마지막으로 나의 소박하지만 최고의 가족인 남편 제이슨에게 엄청난 환호를 보낸다. 제이슨 당신이 없었다면 이 모든 일은 가능하지 못했고 당신의 응원은 나에게 큰 힘이 되었다. 그는 언제나 나를 믿어주고 내가 꿈을 좇아 더 큰 일을 해낼 수 있도록 격려하고, 나에게 생각할 공간을 만들어주며 내가 책의 집필에 매달려 있는 동안 모든 일이 잘 돼가도록 애써주었다.

나의 사랑스러운 아이들 – 플린, 타야 그리고 카터 – 너희들이 하는 모든 일과 너희들이 성장해가는 모든 과정이 나를 행복하게 해주었다. 계속해서 큰 꿈을 꾸어라! 세상은 자명하게 너희들의 품 안에 있고, 너희들이 세상이 필요로 하는 변화 그 자체다. 너희들의 인내와 이해심에 고맙다.

그리고 나에게 계속해서 당을 공급해준 초콜릿 비스킷과 슈퍼 파워를 가진 원더우먼이 되어준 나의 엄마에게도 고맙다고 말하고 싶다. 가족들이 있었기에 내 인생이 더욱더 경이로워졌다.

그리고 새로운 방식으로 시도하려는 열린 마음을 가지고 시간을 할애해 이 책을 읽는 독자들에게 진심을 담아 감사함을 전한다. 호기심은 새로운 기회를 가져온다. 부디 이 책이 당신이 성공의 주체가 되는 새로운 기회의 세상에 길잡이가 되기를 바란다.

연결합시다!

이 책은 네트워킹과 진정성 띤 연결에 대한 것이기에 당신과 내가 서로 연결되어야 함이 마땅하다.

그렇다고 해서 그냥 단순한 거래적인 네트워킹이 아니라 나는 당신이 이 책을 통해 무엇을 배웠고 시도해봤는지 알고 싶다. 새로운 직장을 찾거나 커리어 발전 또는 개인적인 목표달성에 도움이 되었나? 좀 더 든든한 지원을 받는 기분이거나 연결되어 있다는 느낌이 드는가?

나의 블로그에 실린 자료들이 당신의 여정이 어디로 향하든지 간에 서로를 이어주고 영감을 주는 훌륭한 수단이 되었기를 바란다. 도움은 또 다른 모습으로 우리 곁에 와 있기도 하다. 당신이 여성 독자라면 나의 스마트하고 내공 든든한 네트워킹 커뮤니티 LBD그룹을 확인해보길 권한다. 그리고 모든 이에게 나는 정기적으로 강연하고 상담하며 협업, 네트워킹 그리고 진짜 리더십을 조언하는 일을 하고 있다. 우리를 계속해서 연결하고 창의성을 발휘하도록 해주는 일들 말이다.

이 책을 읽는 것은 당신의 네트워크를 변화시키는 첫걸음이 될 것이다. 진정한 힘은 이제 당신의 손안에 있다.

이것이 여정이라는 사실을 상기하라. 당신이 누구를 아는지에 대한 여정이다. 나 역시 당신에 대해 더 많이 알기를 바란다.

janinegarner.com.au

@janinegarner

info@janinegarner.com.au

LBD Group

thelbdgroup.com.au

@LBDGroup